113

AF830268

Merve Verlag

Roland Barthes

Cy Twombly

Aus dem Französischen von Walter Seitter

Merve Verlag

Originalausgabe

Wir danken Gino Di Maggio und Nanni Balestrini für ihre großzügige Unterstützung.

Durchgesehene und um Farbabbildungen ergänzte Ausgabe. Die Paginierung hat sich gegenüber der Auflage von 1983 verändert.

Kolonnadenstraße 5 | 04109 Leipzig
merve@merve.de | www.merve.de
Druck- und Bindearbeiten: Balto print, Vilnius
Umschlagentwurf: Jochen Stankowski, Dresden
ISBN 978-3-88396-033-3

Inhalt

Non multa sed multum

für Yvon,
für Renaud und für William

Wer ist das, Cy Twombly (hier TW genannt)? Was macht er? Wie benennen, was er macht? Wörter tauchen spontan auf (»Zeichnung«, »Schriftzug«, »Gekritzel«, »linkisch«, »kindlich«). Und alsbald stellt sich eine Sprechhemmung ein: diese Wörter sind gleichzeitig (was selten ist) *weder zutreffend noch zureichend*; denn einerseits fällt das Werk von TW sehr wohl mit seiner Erscheinung in eins, und man muss wagen zu sagen, dass sie platt ist; aber andererseits – und da liegt das Rätsel – stimmt diese Erscheinung nicht mit dem Sprechen überein, das durch soviel Einfachheit und Unschuld in uns Betrachtern angestiftet werden sollte. Sind die Schriftzüge von TW »kindlich«? Ja, warum nicht? Aber sind sie nicht auch – etwas mehr oder etwas weniger oder etwas daneben? Man sagt: dieses Gemälde von TW ist *dies* oder *das*. Aber eher ist es etwas ganz anderes: *ausgehend* von diesem oder jenem; mit einem Wort: zwiespältig, weil buchstäblich und metaphorisch: es ist *deplatziert*.

Das Werk von TW durchlaufen, mit den Augen und Lippen, heißt also unablässig das, *wonach es aussieht*, verraten. Dieses Werk verlangt nicht, dass man den Wörtern der Kultur widerspreche (das Spontane des Menschen ist seine

Kultur), sondern einfach, dass man sie deplatziere, dass man sie versetze, dass man ihnen ein anderes Licht gebe. TW verpflichtet nicht, dass man die ästhetische Stereotypie verwerfe, sondern dass man sie – was vielleicht noch subversiver ist – durchquere. Er provoziert in uns eine *Spracharbeit* (ist es nicht gerade diese Arbeit – *unsere* Arbeit, die den Preis eines Werkes ausmacht?).

Schrift

Das Werk von TW – andere haben es gesagt – ist ein Werk der Schrift. Es hat etwas mit Kalligraphie zu tun – aber nicht im Sinn von Imitation oder Inspiration. Ein Gemälde von TW ist nur das *Anspielungsfeld* der Schrift (die rhetorische Figur der Anspielung besteht darin, dass man eine Sache sagt, um eine andere heraushören zu lassen). TW bezieht sich auf die Schrift (wie er sich häufig auch auf die Kultur bezieht, mit Wörtern: *Virgil* → Abb. 1, *Sesostris*) und geht dann woanders hin. Wohin? Weit weg von der Kalligraphie, d. h. von der gestalteten, gezeichneten, gedruckten, gegossenen Schrift, also von dem, was man im 18. Jahrhundert die schöne Hand nannte.

TW sagt auf seine Weise, dass das Wesen der Schrift weder eine Form noch ein Gebrauch ist, sondern bloß eine Geste. Die Gebärde, die sie hervorbringt, indem sie *sie sich hinziehen lässt*: ein Gewirr, fast ein Geschmier, eine Schlamperei. Denken wir nach, indem wir vergleichen. Was ist das Wesen einer Hose (falls sie eins hat)? Sicher nicht jenes zurechtgemachte und glatte Objekt auf den Kleiderbügeln in den Kaufhäusern; eher schon das Stoffknäuel da, das achtlos aus der Hand eines Heranwachsenden, wenn er sich auszieht, auf den Boden gefallen ist – schlaff, träg, gleichgültig. Das Wesen eines Gegenstandes hat etwas mit seinem Abfall zu tun: nicht unbedingt mit dem, was überbleibt, nachdem man davon Gebrauch gemacht hat, sondern mit dem, was aus dem Gebrauch *geschmissen* worden ist. So die Schriftzüge von TW. Es sind die Brocken einer Trägheit – daher ihre extreme Eleganz. Als ob vom Schreiben, diesem starken erotischen Akt, die verliebte Müdigkeit bliebe: dieses in eine Ecke des Blattes hingeworfene Gewand.

♦

Der Buchstabe ist bei TW ohne Hingebung gefertigt: das Gegenteil einer Initiale. Dennoch ist er nicht kindhaft, denn das Kind strengt sich an, drückt auf, bessert aus – mit hängender Zunge. Es arbeitet hart, um sich der Vorschrift der Erwachsenen anzugleichen. TW entfernt sich davon, er lässt locker, er lässt schleifen; seine Hand scheint davonzuschweben; es ist, als ob das Wort *mit spitzen Fingern* geschrieben wäre – nicht aus Überdruss oder Langeweile, sondern dank einer grillenhaften Erinnerung an eine verblichene Kultur, die nur die Spur weniger Wörter hinterlassen hat. Chateaubriand: »Man gräbt auf den Inseln Norwegens

Urnen mit Eingravierungen aus, die nicht zu entziffern sind. Wem gehören jene Aschen? Die Winde wissen nichts davon.« Die Schrift von TW ist noch *nichtiger*: sie ist zu entziffern, aber nicht zu interpretieren; die Schriftzüge mögen sehr deutlich und abgesetzt sein; sie haben gleichwohl jenes *Vage* wiederzugeben, das TW in der Armee daran hinderte, ein guter Entschlüsseler von Geheimschriften zu sein (»I was a little too vague for that«). Paradoxerweise schließt nun gerade das Vage alles Rätselhafte aus; das Vage geht nicht mit dem Tod zusammen; das Vage ist lebend.

♦

Von der Schrift bewahrt TW die Geste, nicht das Resultat. Selbst wenn man das Ergebnis seiner Arbeit (das Werk, das Gemälde) ästhetisch konsumieren kann, selbst wenn die Produktionen von TW in eine Geschichte und eine Theorie der Kunst eingehen (was sie nicht vermeiden können), so ist das Gezeigte doch nur eine Geste. Was ist eine Geste? Etwas wie die Zugabe eines Aktes. Der Akt ist transitiv, er will ein Objekt, ein Resultat hervorrufen. Die Geste oder Gebärde ist die unbestimmte und unerschöpfliche Summe der Gründe, Triebe, Faulheiten, die den Akt mit einer *Atmosphäre* (im astronomischen Sinn des Wortes) umgeben. Unterscheiden wir also die *Botschaft*, die eine Information erzeugen will, das *Zeichen*, das eine Einsicht hervorbringen will, und die *Gebärde*, die den ganzen Rest (die »Zugabe«) produziert, ohne eigentlich etwas produzieren zu wollen.

Der Künstler (halten wir an diesem etwas kitschigen Wort noch fest) ist von Haus aus ein Gebärdenmacher: er will einen Effekt herbeiführen und gleichzeitig will er es nicht; die Effekte, die er produziert, hat er nicht unbedingt gewollt; es sind zurückgewandte, umgedrehte, ausgebrochene Effekte, die auf ihn zurückfallen und Modifikationen, Abweichungen, Erleichterungen der Spur hervorrufen. In der Geste hebt sich somit die Unterscheidung zwischen Ursache und Wirkung, Motiv und Ziel, Ausdruck und Appell auf. Die Geste des Künstlers – oder der Künstler als Geste bricht nicht die Kausalkette der Akte (das, was der Buddhist das Karma nennt – der Künstler ist nicht ein Heiliger, ein Asket), aber er rüttelt an ihr, er wirft sie neu aus, bis er ihren Sinn verliert. Im (japanischen) Zen nennt man dieses unversehene (gelegentlich ganz feine) Brechen unserer Kausallogik (ich vereinfache) ein *Satori*: dank einem geringfügigen, lächerlichen, abwegigen, bizarren Umstand *erwacht* das Subjekt zu einer radikalen Negativität (die keine Negation mehr ist). Ich betrachte die Schriftzüge von TW als solche kleinen Satori: ausgegangen von der Schrift (einem typischen Kausalfeld: man schreibt, sagt man, um zu kommunizieren) schicken sich nutzlose Splitter, die nicht einmal interpretierte Buchstaben sind, an, das aktive Sein der Schrift, das Gewebe ihrer Motivationen, selbst der ästhetischen, zu suspendieren: *die Schrift* findet nirgendwo mehr Unterkunft, sie ist absolut *überflüssig*. Beginnt nicht an dieser äußersten Grenze wahrhaft die Kunst, der »Text«, all das »umsonst« des Menschen, seine Perversion, seine Verausgabung?

♦

Man hat TW mit Mallarmé verglichen. Aber das Motiv der Annäherung, eine Art höherer Ästhetizismus, der sie beide vereinen soll, existiert weder bei dem einen noch bei dem andern. Sich mit der Sprache auseinandersetzen, wie es Mallarmé getan hat, impliziert eine anders ernsthafte, eine anders gefährliche Absicht als die des Ästhetizismus. Mallarmé hat den Satz, dieses säkulare Vehikel der Ideologie (in Frankreich), dekonstruieren wollen. Im Vorbeigehen, im Nachziehen sozusagen, dekonstruiert TW die Schrift. Dekonstruieren heißt mitnichten: unkenntlich machen. In den Texten Mallarmés ist die französische Sprache anerkannt, sie funktioniert – in Brocken, es ist wahr. In den Schriftzügen von TW ist die Schrift gleichfalls kenntlich; sie läuft, sie gibt sich als Schrift. Indessen gehören die geformten Buchstaben keinem graphischen Code mehr an, ebenso wie die großen Syntagmen Mallarmés keinem rhetorischen Code mehr angehören – auch nicht dem der Destruktion.

♦

Auf mancher Oberfläche von TW ist nichts Geschriebenes – und doch erscheint auch eine solche Fläche als Fruchtboden alles Geschriebenen. So wie die chinesische Schrift, sagt man, aus den Sprüngen eines überhitzten Schildkrötenschildes geboren worden ist, so geht, was es im Werk von TW an Schrift gibt, aus der Fläche selber hervor. Keine Fläche, wie weit man sie auch nimmt, ist jungfräulich: alles ist immer schon rau, holprig, ungleich, skandiert durch irgendeinen Zwischenfall: da ist die Körnung des Papiers, dann die Flecken, die Gitter, die Schlingen, die Diagramme, die Wörter. Am Ende dieser Kette verliert die Schrift ihre Gewaltsamkeit; was sich aufdrängt, ist nicht diese oder jene Schrift, auch nicht das Sein der Schrift, es ist die Idee einer graphischen Textur: »*man schreibe*« sagt das Werk von TW, wie anderswo gesagt wird: »*man nehme*« oder »*man esse*«.

Kultur

Durch das Werk von TW hindurch gehen die Schriftkeime, von der äußersten Seltenheit bis zur irren Vervielfältigung: es ist wie ein graphisches Jucken. In ihrer Tendenz wird die Schrift somit Kultur. Wenn die Schrift insistiert und explodiert, dann kommt sie an die Idee des Buches heran. Das Buch schlechthin ist es, das im Werk von TW angelegt ist. Und zwar das alte Buch, das mit Anmerkungen versehene Buch: ein hinzugefügtes Wort überschwemmt die Ränder, die Zeilenzwischenräume: es ist die Glosse. Wenn TW dieses eine Wort schreibt und wiederholt: *Virgil* → Abb. 1, so ist das bereits ein Kommentar zu Vergil, denn der Name, mit der Hand geschrieben, beschwört nicht nur eine ganze (übrigens leere) Idee von der antiken Kultur; er erinnert auch an eine Zeit altmodischer, stiller, müßiger, diskret dekadenter Studien: englische Colleges, lateinische Verse, Pulte, Lampen, feine Bleistiftschriften. Das ist die Kultur für TW: eine Gemächlichkeit, eine Erinnerung, eine Ironie, eine Pose, eine Geste: Dandy.

Link

Man hat gesagt: TW, das ist wie mit der linken Hand gezeichnet, gezogen. Die französische Sprache ist rechtslastig: was beim Gehen wankt, was Umwege macht, was ungeschickt, gehemmt ist, das nennt sie *link*, und aus diesem moralischen, urteilenden, verurteilenden Begriff hat sie einen rein denotativen Ausdruck für eine bestimmte Körperseite gemacht: hier hat das Subjektive, *auf dem Niveau der Sprache*, das Objektive begründet... Diese etymologische Geschichte sagt uns hinlänglich klar, dass TW, indem er eine *link* (oder linkisch) scheinende Schrift produziert, die Moral des Körpers angreift: eine sehr archaische Moral, da sie die »Anomalie« an eine Schwäche und die Schwäche an eine Schuld knüpft. Dass seine Schriftzüge, seine Kompositionen gleichsam »link« sind, dies verweist TW in den Kreis der Ausgeschlossenen, der Randständigen, wo er sich, wohlgemerkt, mit den Kindern, mit den Siechen wiederfindet. Der Linke (oder der »Linkische«) ist eine Art Blinder: er sieht nicht richtig die Richtung, die Tragweite seiner Gesten; lediglich seine Hand führt ihn, das Verlangen seiner Hand, nicht sein instrumentelles Geschick: das Auge, das ist die Vernunft, die Evidenz, die Empirie, die Wahrscheinlichkeit, die Kontrolle, die Koordination, die Imitation; als exklusive Kunst der Schau war unsere gesamte Malerei einer repressiven Rationalität unterworfen. In gewisser Weise befreit TW die Malerei von der Schau; denn der »Linke« (der »Linkische«) löst das Band zwischen der Hand und dem Auge; er zeichnet ohne Licht (so tat TW in der Armee).

♦

Im Gegensatz zu so vielen zeitgenössischen Malern zeigt TW die Geste. Es geht nicht darum, das Produkt zu sehen, zu denken, zu kosten, sondern die Bewegung, die es *dazu* gebracht hat, wiederzusehen, zu identifizieren, oder gar zu »genießen«. Solange nun die Menschheit die Handschrift unter Ausschluss der Buchdruckerkunst praktiziert hat, war der Weg der Hand, und nicht die visuelle Wahrnehmung von deren Werk, der fundamentale Akt, durch den die Buchstabenkunst ihre Definition, ihre Lernbarkeit, ihre Klassifizierung fand. Diesen geregelten Akt nennt man in der Paläographie den *Duktus*: die Hand führt den Zug (von oben nach unten, von links nach rechts, drehend, drückend, unterbrechend usw.); gewiss hat der *Duktus* in der ideographischen Schrift am meisten Gewicht: streng codiert ermöglicht er die Klassifizierung der Zeichen nach der Zahl und der Richtung der Pinselstriche, für eine Schrift ohne

Alphabet schafft er überhaupt die Möglichkeit des Wörterbuches. Im Werk von TW herrscht der *Duktus*: nicht seine Regel, sondern seine Spiele, seine Grillen, seine Expeditionen, seine Trägheiten. Es ist insgesamt eine Schrift, von der nur das Schiefe, das Kursive bleibt; im antiken Schriftzug ist die Kursivschrift aus dem (ökonomischen) Bedürfnis entstanden, schnell zu schreiben: die Feder heben kostet viel. Hier ist es das Gegenteil: es fällt, es regnet fein, es neigt sich wie Gras, es streicht durch aus Untätigkeit, als ob es darum ginge, die Zeit sichtbar zu machen, das Beben der Zeit.

♦

Viele Kompositionen erinnern, hat man gesagt, an die Kritzeleien der Kinder. Das Kind ist das *infans*: was noch nicht spricht; aber das Kind, das die Hand von TW führt, schreibt bereits, es ist ein Schulkind: kariertes Papier, Farbstift, Stäbchen in Reih und Glied, wiederholte Buchstaben, kleine Schraffuren wie der Rauch, der aus der Lokomotive von Kinderzeichnungen kommt. Doch wendet sich auch hier die Stereotypie (»das schaut aus wie...«) subtil um. Die (graphische) Produktion des Kindes ist nie ideell: sie verbindet ohne Zwischenglied das objektive Mal des Instruments (der Bleistift, eine Handelsware) und das Es des kleinen Subjekts, das auf dem Blatt lastet, drückt, insistiert. Zwischen dem Werkzeug und der Laune schiebt TW die Idee ein: der Farbstift wird Stiftfarbe: die Erinnerung (des Schulkindes) wird totales Zeichen: der Zeit, der Kultur, der Gesellschaft (was eher nach Proust als nach Mallarmé aussieht).

♦

Die Linkshändigkeit ist selten leichtfüßig. Zumeist hat das *Gelinkte* etwas Gedrücktes; das eigentlich Linkische insistiert, setzt sich etwas in den Kopf, will, dass es geliebt wird (so wie das Kind triumphierend seiner Mutter *zeigt*, was es gemacht hat, damit es gesehen wird). Diese gewundene Linkerei wird nun von TW immer wieder umgestoßen, so dass es nicht mehr drückt, sondern im Gegenteil sich allmählich verflüchtigt, sich verwischt und doch das delikate Geschmier des Radiergummis behält: die Hand hat sowas wie eine Blume gezeichnet und ist dann über diese Spur drübergefahren; die Blume ist hingeschrieben worden, dann weggeschrieben; *geschrieben*, *entschrieben*; aber die beiden Eindrücke bleiben vag übereinandergelegt; es handelt sich um einen perversen Palimpsest: drei Texte (fügt man noch die Art Signatur, Legende oder Widmung hinzu: *Sesostris*) sind da, wobei der eine den andern auszuwischen sucht, aber nur, um dieses Auswischen selber zu lesen zu geben: wahrhafte Philosophie der Zeit. Wie immer gehört es sich, dass das Leben (die Kunst, die Geste, die Arbeit) ohne Verzweiflung vom unvermeidlichen Verschwinden Zeugnis ablegt: sich fortpflanzend (wie die in einem einzigen wiederholten, übertragenen Kreisen verketteten *a*), ihre Fortpflanzung zu lesen gebend (was einstmals der Sinn der Skizze war), singen die Formen (jedenfalls die von TW) nicht so sehr die Wunder der Zeugung als vielmehr die düsteren Unfruchtbarkeiten der Wiederholung; es ist ihnen aufgebürdet, in einem einzigen Zustand das Erscheinende und das Verschwindende zu verknüpfen; die Erhöhung des Lebens und die Furcht vor dem Tod trennen ist platt; die Utopie, deren Sprache die Kunst sein kann, der jedoch die ganze menschliche Neurose widersteht, ist: einen einzigen Affekt produzieren: weder Eros noch Thanatos, sondern Tod-Leben, in einem einzigen Gedanken, in einer einzigen Gebärde. Dieser Utopie nähert sich weder die heftige noch die gelackte Kunst, sondern eher, nach reinem Geschmack, die von TW, die nicht zu klassifizieren ist, weil sie in einem unnachahmlichen Strich die Inschrift und das Auswischen, die Kindheit und die Kultur, das Abschweifen und die Erfindung verbindet.

Träger?

Es scheint, dass TW ein »Antikolorist« ist. Aber was ist die Farbe? Ein Genuss. Und dieser Genuss ist in TW. Um das zu verstehen, muss man sich daran erinnern, dass die Farbe *auch* eine Idee ist (eine sinnenhafte Idee): damit es Farbe gibt (im Genusssinn des Wortes), ist es nicht nötig, dass sie emphatisch auftritt; es ist nicht nötig, dass sie intensiv, heftig, reich oder delikat, raffiniert, rar oder auch erhaben, pastos, flüssig aufgetragen ist; es ist also nicht nötig, dass Affirmation, *Installation* der Farbe stattfindet. Es genügt, dass sie erscheint, dass sie da ist, dass sie wie ein Nadelstich in einen Augenwinkel trifft (mit welcher Metapher in *Tausendundeiner Nacht* die Vorzüglichkeit einer Geschichte bezeichnet wird), es genügt, dass sie einen Riss macht: dass etwas vors Auge kommt, wie eine Erscheinung – oder ein Verschwinden, denn die Farbe ist wie ein Augenlid, das sich schließt, ein leichtes Vergehen. TW malt nicht die Farbe; höchstens könnte man sagen, dass er koloriert; aber diese Kolorierung ist rar, unterbrochen und immer frisch, wie wenn man den Stift ausprobiert. Dieses bisschen Farbe gibt nicht eine Wirkung (noch weniger eine Wahrscheinlichkeit) zu lesen, sondern eine Geste, die Lust einer Gebärde: am Ende seines Fingers, seines Auges etwas entstehen sehen, was zugleich erwartet ist (dieser Stift da, ich weiß, er ist blau) und zugleich unerwartet (nicht nur weiß ich nicht, welches Blau herauskommt, aber selbst wenn ich es wüsste, wäre ich immer überrascht davon, denn die Farbe ist, wie das *Ereignis*, mit jedem *Mal* neu: genau das macht die Farbe aus, wie es den Genuss macht).

♦

Übrigens, man ahnt es, die Farbe ist schon im Papier von TW, sofern es *bereits* benetzt, bestäubt ist, durch ein undefinierbares Licht. Nur das Papier des Schriftstellers ist weiß, ist »sauber«, und das ist nicht einmal das Geringste seiner Probleme (Schwierigkeit der weißen Seite; oft provoziert dieses Weiß eine Panik: wie dieses Weiß wegkriegen?); das Unglück des Schriftstellers, seine Unterschiedenheit (gegenüber dem Maler und speziell gegenüber dem Schriftmaler wie TW) liegt darin, dass ihm die Graffiti untersagt sind. TW ist ein Schriftsteller, der sich mit Fug und Recht und vor aller Augen den Graffiti nähern kann. Es ist bekannt, dass das, was die Graffiti ausmacht, nicht eigentlich die Inschrift ist, auch nicht ihre Botschaft, es ist die Mauer, der Hintergrund, die Tafel; weil der Grund voll existiert, wie ein Gegenstand, der schon gelebt hat, kommt ihm die Schrift immer wie eine rätselhafte Zugabe zu: das, was *überflüssig* ist, überzählig, ortlos, das stört die Ordnung; in dem Maße, in dem der Grund *nicht sauber* ist, ist er fürs Denken unpassend (im Gegensatz zum weißen Blatt des Philosophen) und daher sehr passend für den Rest (die Kunst, die Trägheit, den Trieb, die Sinnlichkeit, die Ironie, den Geschmack: alles, was der Intellekt als ästhetische Katastrophen empfinden mag).

♦

Wie bei einer chirurgischen Operation von äußerster Präzision spielt sich (bei TW) alles in dem winzigen Moment ab, da das Wachs des Stiftes an die Körnung des Papiers herankommt. Das Wachs, süße Substanz, bleibt an den geringfügigen Rauheiten des graphischen Feldes haften, und diese Spur des leichten Bienenflugs ist es, die den

Strich von TW ausmacht. Sonderbares Haften, das der Idee des Haftens widerspricht: es ist wie ein Anrühren, das letztlich allein von der Erinnerung seinen Wert erhält; doch kann dieses *Vorbeigehen* des Strichs auch als seine Zukünftigkeit definiert werden: der Stift, halbfett, halbspitz (man weiß nicht, wie er sich drehen wird) *wird* das Papier berühren: technisch scheint sich das Werk von TW der Vergangenheit oder der Zukunft zu verbinden, niemals wahrhaft der Gegenwart; man könnte sagen, es gibt immer nur die Erinnerung oder die Ankündigung des Strichs: auf dem Papier – aufgrund des Papiers – ist die Zeit in ständiger Unsicherheit.

♦

Nehmen wir die Zeichnung eines Architekten oder eines Ingenieurs, den Aufriss eines Apparates oder einer Anlage; wir sehen dann überhaupt nicht die Materialität des Graphischen; das ist sein Sinn, unabhängig von der Leistung des Technikers, insgesamt sehen wir nur eine Art Intelligibilität. Steigen wir nun eine Stufe herab in die graphische Materie: angesichts einer Handschrift ist es immer noch die Erkennbarkeit der Zeichen, die wir konsumieren, aber undurchsichtige, unbedeutende – oder vielmehr anderweitig bedeutende – Elemente halten unseren Blick fest (und auch schon unser Begehren): die nervöse Windung der Buchstaben, der Fluss der Tinte, die Verlängerung der Buchstabenfüße, all die Akzidentien, die zum Funktionieren des graphischen Codes nicht nötig sind und folglich bereits Zugaben sind. Entfernen wir uns noch weiter vom Sinn: eine klassische Zeichnung gibt kein bestehendes Zeichen zu lesen; keine funktionale Botschaft passiert mehr; ich investiere mein Begehren in die Leistung der Analogie, das Gelingen der Faktur, die Verführung des Stils, also in den Endzustand des Produkts: es ist wirklich ein Gegenstand, der mir zu betrachten gegeben ist. In dieser Kette, die vom Schema zur Zeichnung geht und in deren Verlauf der Sinn sich allmählich verflüchtigt, um einem immer unnützeren »Profit« Platz zu machen, nimmt TW das äußerste Glied ein: Zeichen sind gelegentlich da, aber verblasst, linkisch (wie gesagt), als ob es ganz gleichgültig wäre, dass man sie entziffere, vor allem aber sozusagen der *letzte Stand* der Malerei, ihr Bretterboden: das Papier (»TW gesteht, mehr Sinn fürs Papier als für die Malerei zu haben«). Und doch vollzieht sich eine seltsame Umkehr: da der Sinn ausgedünnt worden ist, da das Papier zum *Objekt des Begehrens* geworden ist, kann die Zeichnung wiedererscheinen, abgelöst von jeder technischen, expressiven oder ästhetischen Funktion. In einigen Kompositionen von TW kommt die Zeichnung des Architekten, des Kunsttischlers oder des Vermessers wieder, als ob man frei den Ursprung der Kette wiederfände, gereinigt, befreit nunmehr von den Gründen, die seit Jahrhunderten die graphische Reproduktion eines *kenntlichen* Gegenstandes zu rechtfertigen schienen.

Körper

Der Strich – jeder aufs Blatt hingeschriebene Strich – verneint den wichtigen Körper, den fleischigen Körper, den saftigen Körper; der Strich gibt weder zur Haut noch zu den Schleimhäuten Zugang. Was er sagt, ist der Körper, sofern er kratzt, streift oder gar kitzelt; durch den Strich deplatziert sich die Kunst; ihr Brennpunkt ist nicht mehr das Objekt des Begehrens (der schöne in Marmor erstarrte Körper), sondern das Subjekt dieses Begehrens: der Strich, wie geschmeidig, leicht oder unsicher er auch sein mag, verweist immer auf eine Kraft, eine Richtung; er ist ein *energon*, ein Arbeiten, das die Spur seines Triebes und seiner Verausgabung lesbar macht. Der Strich ist eine sichtbare Aktion.

♦

Der Strich von TW ist unnachahmlich (versuchen Sie, ihn nachzuahmen: was Sie machen, wird weder von ihm noch von Ihnen sein; es wird *nichts* sein). Das, was unnachahmlich ist, ist aber letzten Endes der Körper. Kein Diskurs, sei er sprachlich oder bildnerisch – mit Ausnahme der anatomischen Wissenschaft, die ein recht grober Diskurs ist –, vermag einen Körper auf einen anderen zu reduzieren. Das Werk von TW gibt diese Fatalität zu lesen: mein Körper wird niemals der deine sein. Aus dieser Fatalität, in der sich ein bestimmtes menschliches Unglück resümieren mag, führt möglicherweise nur eins heraus: die Verführung: dass mein Körper (oder seine sinnlichen Stellvertreter, die Kunst, die Schrift) den anderen Körper verführe, entführe oder entsetze.

♦

In unserer Gesellschaft ist der geringste graphische Strich, vorausgesetzt, er ist von solchem unnachahmlichen, sicheren Körper ausgegangen, Millionen wert. Was konsumiert wird (denn es handelt sich um eine Konsumgesellschaft), das ist ein Körper, eine »Individualität« (also etwas, was nicht weiter geteilt werden kann). Im Werk des Künstlers wird somit sein Körper gekauft, in welchem Handel der Prostitutionsvertrag zu erkennen ist. Ist dieser Vertrag für die kapitalistische Zivilisation eigentümlich? Definiert er speziell die (für viele oft schockierenden) Handelssitten unseres Kunstmilieus? In der Volksrepublik China habe ich Werke von ländlichen Malern gesehen, deren Arbeit grundsätzlich von jedem Handel ausgeschlossen war. Da gab es eine merkwürdige Umkehrung: der Maler, den man am meisten anpries, hatte eine korrekte und platte Zeichnung (Porträt eines lesenden Zellensekretärs) hervorgebracht: im graphischen Strich kein Körper, keine Leidenschaft, keine Trägheit, nichts als die Spur einer analogischen Operation (Ähnlichkeit ausdrücken); auf der andern Seite quoll die Ausstellung von Werken des sogenannten »naiven« Stils über, in denen – trotz ihres realistischen Sujets – der irre Körper des Amateurkünstlers drängte, platzte, lachte (durch die wollüstige Rundung des Strichs, die entfesselte Farbigkeit, die taumelnde Wiederholung der Motive). Anders gesagt: der Körper übersteigt immer den Austausch, in den er genommen ist: kein Handel auf der Welt und keine Tugend in der Politik vermögen den Körper auszudünnen: es gibt immer einen äußersten Punkt, wo er sich *umsonst* gibt.

♦

Diesen Morgen fruchtbare – zumindest angenehme – Tätigkeit: ich schaue ganz langsam ein Album an, wo Werke von TW reproduziert sind, und ich unterbreche mich oft, um auf Zetteln ganz schnell Kritzeleien zu versuchen; ich imitiere nicht direkt TW (wozu auch?), ich mache das *tracing* nach, das ich, vielleicht unbewusst, träumerisch, aus meiner Lektüre erschließe; ich kopiere nicht das Produkt, sondern die Produktion. Ich begebe mich sozusagen in *die Fußstapfen der Hand*.

♦

Denn das ist wohl (für meinen Körper jedenfalls) das Werk von TW: eine Produktion, delikat eingesperrt, eingesponnen in die ästhetischen Produkte, die man Gemälde, Zeichnungen nennt, deren Sammlung (Album, Ausstellung) immer nur eine Anthologie von *Spuren* ist. Dieses Werk verpflichtet den Leser von TW (ich sage: *Leser*, obwohl da nichts zu entziffern ist) zu einer bestimmten Philosophie der Zeit: er muss rückblickend eine Bewegung sehen, das ehemalige Werden der Hand; doch nun begibt sich eine heilsame Revolution: das Produkt (jedes Produkt?) erscheint als ein Köder: alle Kunst, sofern sie magazinisiert, registriert, publiziert ist, wird als *imaginär* denunziert: das Reale, an das der Zug von TW unablässig erinnert, das ist die Produktion: mit jedem Mal sprengt TW das Museum.

♦

Es existiert eine sozusagen sublime Form des Strichs, die weder kratzt noch verletzt: das Zeicheninstrument (Pinsel oder Stift) senkt sich aufs Blatt, es landet – oder mondet – darauf, das ist alles: da ist auch nicht der Schatten eines Stichs, einfach ein *Setzen*: der quasi orientalischen Ausdünnung der leicht verschmutzten Oberfläche (sie ist der *Gegenstand*) antwortet die Ausdünnung der Bewegung: sie greift nichts, sie setzt ab, und alles ist gesagt.

♦

Wenn die Unterscheidung zwischen dem *Produkt* und der *Produktion*, auf der, wie ich meine, das ganze Werk von TW beruht, ein wenig spitzfindig erscheint, so denke man an die entscheidende Erhellung, die gewisse psychische Aktivitäten durch terminologische Gegensatzbildungen erfahren haben: der englische Psychoanalytiker Donald W. Winnicott hat gezeigt, dass es falsch ist, das Spiel des Kindes auf eine rein spielerische Tätigkeit zu reduzieren. Dazu hat er an den Gegensatz zwischen *game* (streng geregeltes Spiel) und *play* (frei sich entfaltendes Spiel) erinnert. TW ist natürlich auf der Seite des *play*, nicht des *game*. Aber das ist nicht alles; in einem zweiten Stadium seines Unternehmens geht Winnicott vom *play*, das noch zu steif ist, zum *playing* über: das Reale des Kindes – und des Künstlers – ist der Manipulationsprozess, nicht das produzierte Objekt (Winnicott ersetzt schließlich systematisch die Begriffe durch die ihnen entsprechenden verbalen Formen: *fantasying*, *dreaming*, *living*, *holding* usw.). All das gilt sehr wohl für TW: sein Werk ist nicht Sache eines Begriffs (*trace*), sondern einer Tätigkeit (*tracing*), besser noch: eines Feldes (des Blattes), sofern sich darin eine Tätigkeit entfaltet. Für Winnicott verschwindet beim Kind das Spiel zugunsten seines Platzes. Für TW verschwindet die »Zeichnung« zugunsten der Gegend, die sie bewohnt, mobilisiert, bearbeitet, durchkreuzt – oder ausdünnt.

Moralität

Der Künstler hat nicht Moral, aber er hat eine *Moralität*. In seinem Werk gibt es diese Fragen: *Was sind die anderen für mich? Wie soll ich sie begehren? Wie soll ich mich ihrem Begehren darbieten? Wie muss man sich zwischen ihnen halten?* Indem er mit jedem Mal eine »subtile Vision der Welt« (so spricht das Tao) ausspricht, *komponiert* der Künstler das, was von seiner Kultur vorgebracht (oder zurückgewiesen) wird, und das, was von seinem eigenen Körper insistiert: was ausgespart ist, *was ausgerufen ist*, was wiederholt ist: untersagt-ersehnt: das ist das Paradigma, das zweibeinige, das den Künstler in Gang setzt, *sofern er produziert*.

♦

Wie ist es möglich, einen Strich zu machen, der nicht dumm ist? Es genügt nicht, ihn ein bisschen zu wellen, um ihn lebendig zu machen. Man muss ihn – wie gesagt – *linken*: es ist immer ein wenig Linkerei in der Intelligenz. Sehen Sie diese beiden von TW gezogenen Parallelen: sie treffen sich schließlich, als hätten der Autor den hartnäckigen Abstand, der sie mathematisch definiert, nicht durch*halten* können. Was im Strich von TW dazwischenzukommen und ihn an den Rand jener geheimnisvollen *Dysgraphie*, die seine ganze Kunst ausmacht, zu führen *scheint*, das ist eine gewisse Trägheit (die eines der reinsten Zeichen des Körpers ist). Die Trägheit: das ist genau das, was das »Zeichnen« ermöglicht, aber nicht das »Malen« (jede losgelassene Farbe ist gewaltsam) und auch nicht das Schreiben (jedes Wort kommt ganz, freiwillig, gerüstet durch die Kultur auf die Welt). Die »Trägheit« von TW (ich spreche hier von einem Effekt, nicht von einer Disposition) ist indessen taktisch: sie erlaubt es ihm, die Plattitüde der graphischen Codes zu vermeiden, ohne dem Konformismus der Destruktionen zu verfallen: sie ist, in allen Sinnen des Wortes, ein *Takt*.

♦

Etwas sehr Seltenes: die Arbeit von TW enthält keinerlei Aggressivität (das unterscheidet ihn, hat man gesagt, von Paul Klee). Ich glaube, den Grund für diesen Effekt zu finden, der jeder Kunst, in der der Körper engagiert ist, so widerspricht: TW scheint in der Art bestimmter chinesischer Maler vorzugehen, denen der Strich, die Form, die Figur mit dem ersten Mal gelingen muss, ohne dass sie neu ansetzen dürfen, wegen der Verletzlichkeit des Papiers, der Seide: das ist Malen *alla prima*. Auch TW scheint seine Schriftzüge *alla prima* zu ziehen. Aber während der chinesische Wurf ein großes Risiko zu enthalten scheint, nämlich die Figur, die Ähnlichkeit zu »verfehlen«, läuft der Zug von TW keinerlei Gefahr: er ist ohne Ziel, ohne Modell, ohne Instanz; er ist ohne *telos* und folglich ohne Risiko. Warum »neu ansetzen«, wenn es keinen Meister gibt? Daher kommt es, dass jede Aggressivität gewissermaßen unnütz ist.

♦

Der Wert, den TW in seinen Werken nieder legt, mag in dem liegen, was Sade *das Prinzip der Delikatesse* nannte (»Ich respektiere die Neigungen, die Launen... ich finde sie achtenswert... weil die bizarrste von ihnen, wohl analysiert, immerzu auf ein Prinzip der Delikatesse zurückgeht«). Als Prinzip ist die »Delikatesse« weder moralisch noch kulturell; sie ist ein Trieb (warum soll der Trieb eigentlich gewaltsam und grob sein?), *ein gewisser Anspruch des Körpers selber.*

♦

24 Short Pieces → Abb. 2 / 3: das hat sowohl mit Webern wie auch mit dem japanischen Haiku zu tun. In den drei Fällen handelt es sich um eine paradoxe, gar provozierende Kunst (wäre sie nicht delikat), insofern die Bündigkeit da die Tiefe überspielt. Im Allgemeinen erscheint das Knappe zusammengedrängt: das Rare erzeugt das Dichte und das Dichte das Rätsel. Bei TW ist eine andere Drift zu beobachten: es ist da sicher ein Schweigen oder richtiger ein ganz feines Knistern des Blattes, aber dieser Grund ist selber eine positive Mächtigkeit; das gewohnte Verhältnis der klassischen Faktur umkehrend könnte man sagen, dass der Strich die Schraffur, die Form, kurz das graphische Ereignis es ist, das dem Blatt das Existieren, das Bedeuten, das Genießen ermöglicht (»Das Sein«, sagt das Tao, »gibt Möglichkeiten; durch das Nichtsein nutzt man sie«). Der behandelte Raum ist dann nicht mehr abzählbar, ohne doch aufzuhören, vielfältig zu sein. Ist nicht von dieser kaum haltbaren Opposition aus, die sowohl die Zahl wie die Einheit, die Streuung und die Mitte ausschließt, die Widmung zu deuten, die Webern an Alban Berg richtete: »*Non multa, sed multum*«?

♦

Es gibt aufgebrachte, besitzergreifende, dogmatische Malereien; sie stellen das Produkt hin und geben ihm die Tyrannei eines Begriffes oder die Gewalt einer Lüsternheit. Die Kunst von TW – das ist ihre Moralität – und auch ihre äußerste historische Singularität – *will nichts greifen*; sie hält sich, sie schwebt, sie treibt zwischen dem Begehren – das subtil die Hand beseelt und der Höflichkeit, die ihm den Abschied gibt. Bedürfte diese Kunst irgendeiner Referenz, so müsste man sie sehr fern suchen, außerhalb der Malerei, außerhalb des Abendlandes, außerhalb der historischen Zeiten, an der Grenze des Sinnes, und man müsste mit dem Tao Tê King sagen:

> Er produziert, ohne sich anzueignen;
> Er tut, ohne etwas zu erwarten.
> Ist sein Werk vollendet, hängt er nicht daran;
> Und weil er nicht daran hängt,
> Wird sein Werk bleiben.

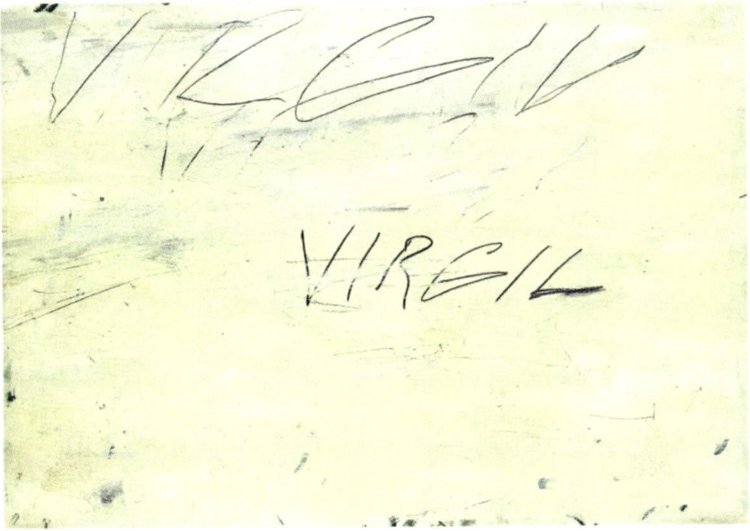

Abb. 1 – Virgil II (1973) 69,8 x 99,6 cm

Abb. 2 – 24 Short Pieces XI (1973) 23,0 x 25,0 cm, aus einer Serie von 25

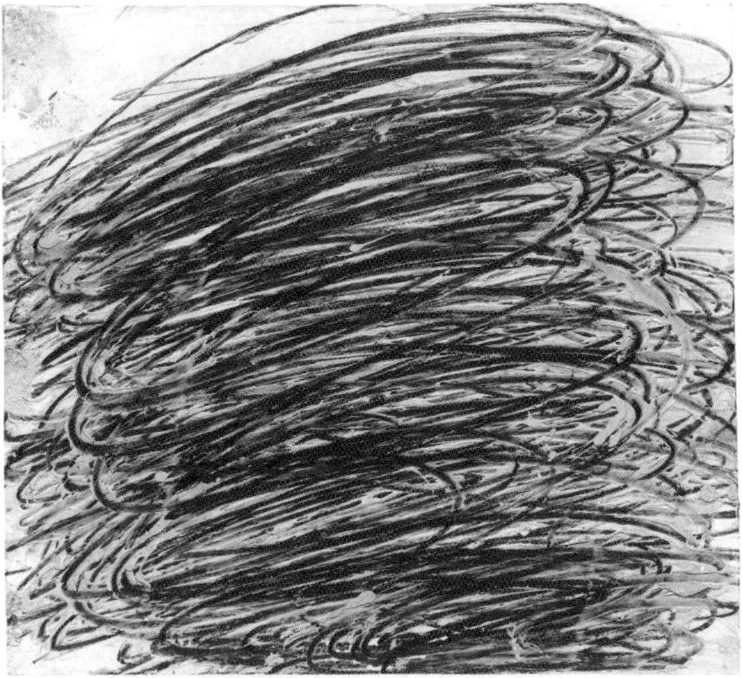

Abb. 3 – 24 Short Pieces XIX (1973) 22,8 x 25,1 cm, aus einer Serie von 25

Abb. 4 – Free Wheeler (1955) 174 x 190 cm

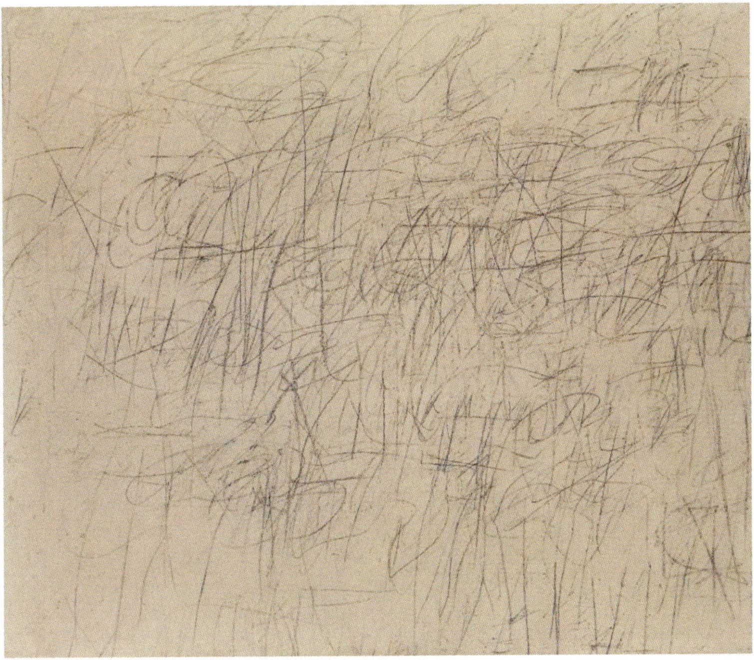

Abb. 5 – Criticism (1955) 127 x 147 cm

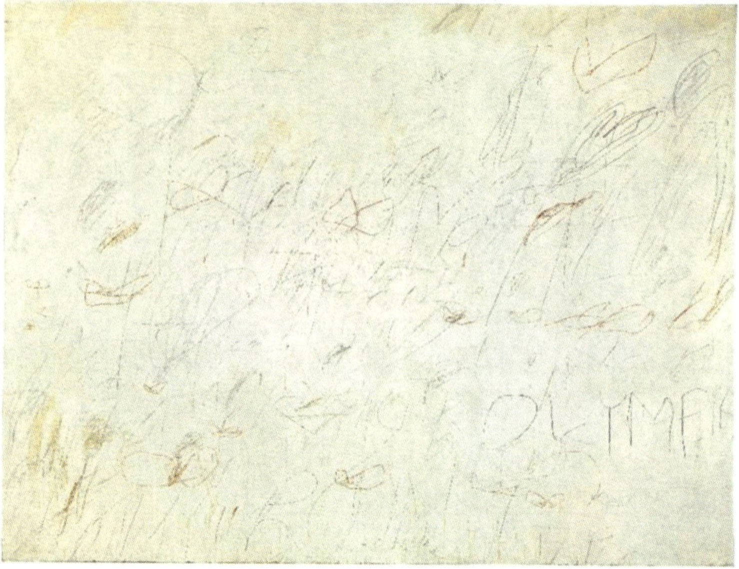

Abb. 6 – Olympia (1957) 200 x 264,5 cm

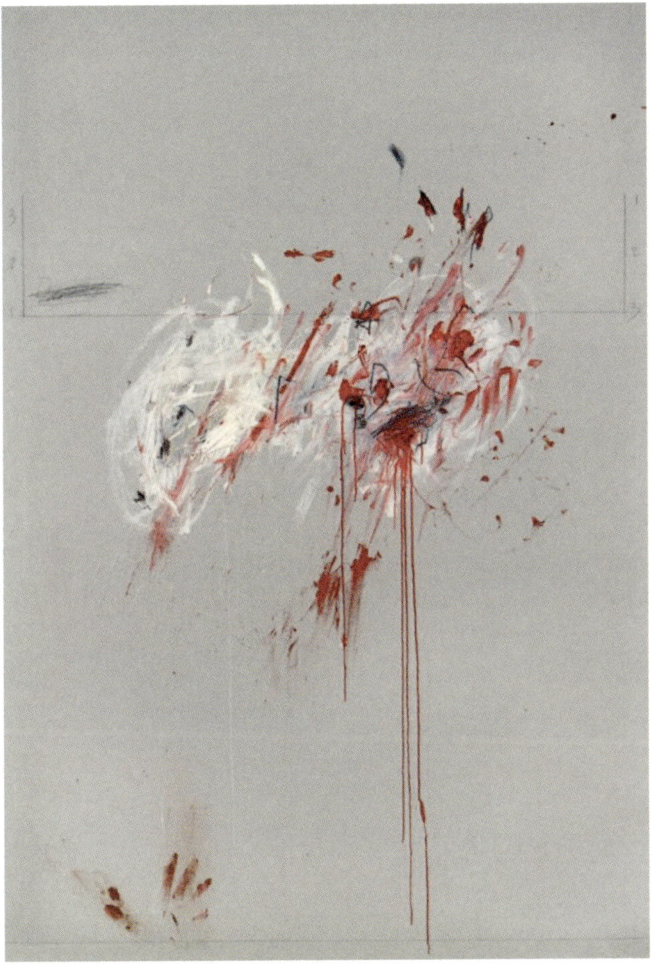

Abb. 7 – Nine Discourses on Commodus III (1963) 204 x 134 cm,
aus einer Serie von neun

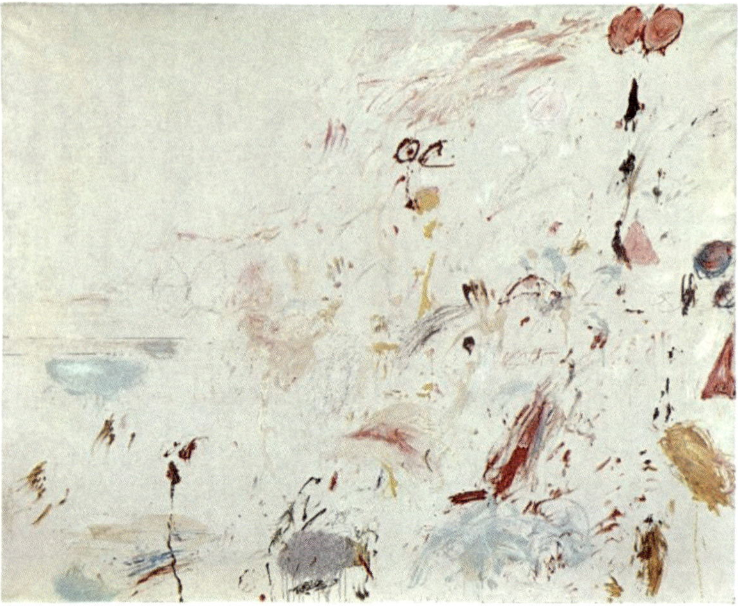

Abb. 8 – Bay of Naples (1961) 241,8 x 298,6 cm

Abb. 9 – View (1959) 177,8 x 200 cm

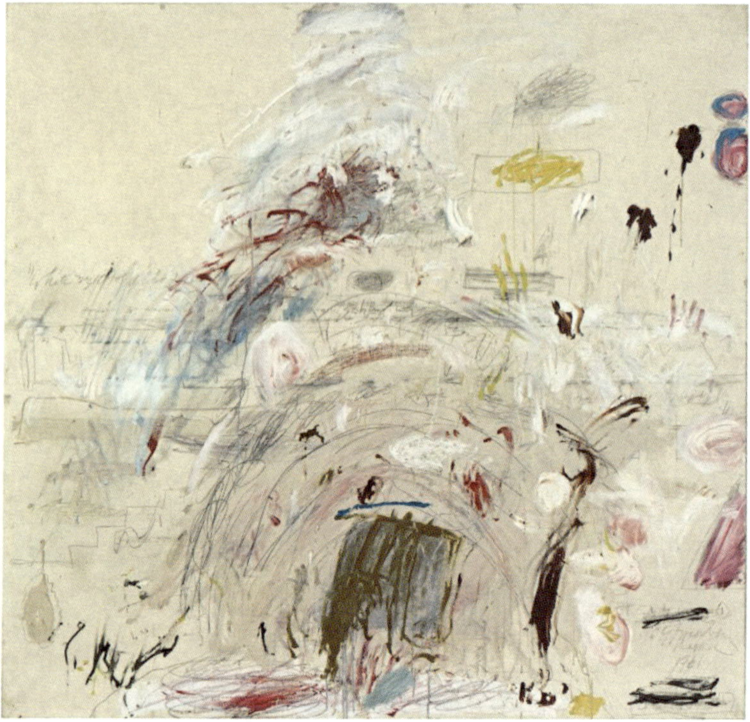

Abb. 10 – School of Athens (1961) 190,3 x 200,5 cm

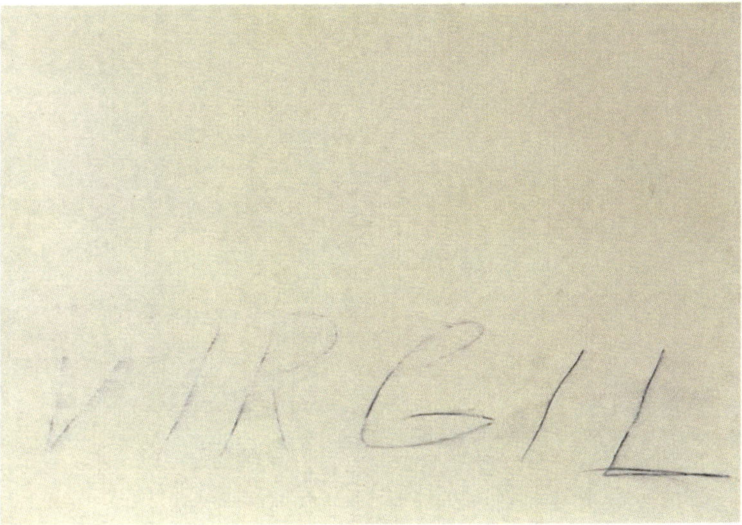

Abb. 11 – Virgil III (1973) 69,8 x 99,2 cm

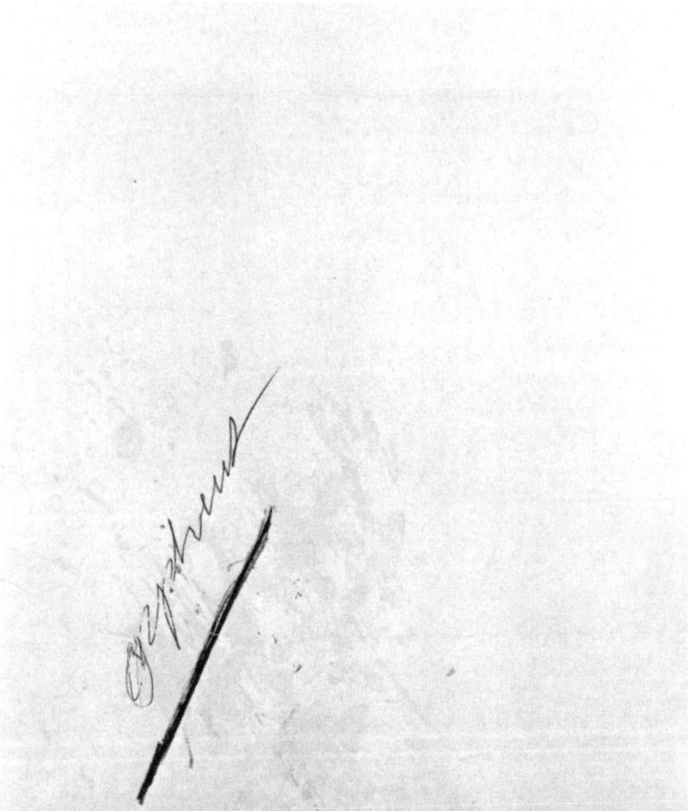

Abb. 12 – Orpheus (1975) 99,7 x 71,1 cm

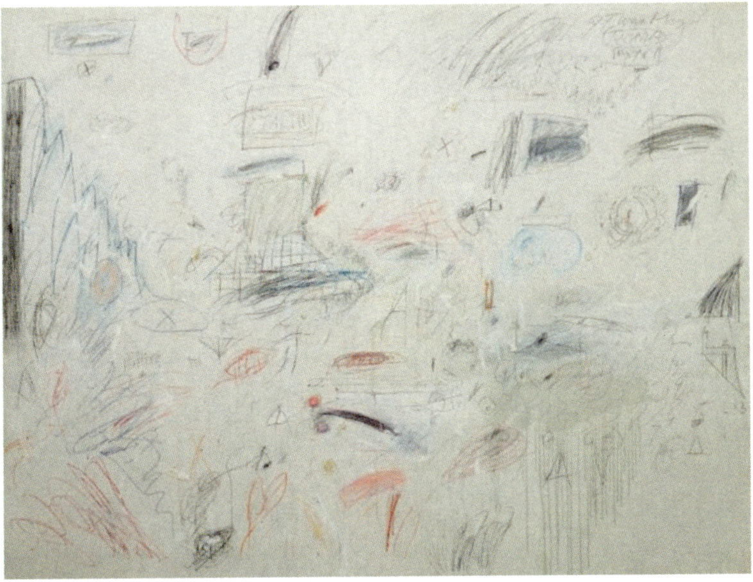

Abb. 13 – The Italians (1961) 199,5 x 259,6 cm

Abb. 14 – To Valery (1973) 76,4 x 55,5 cm

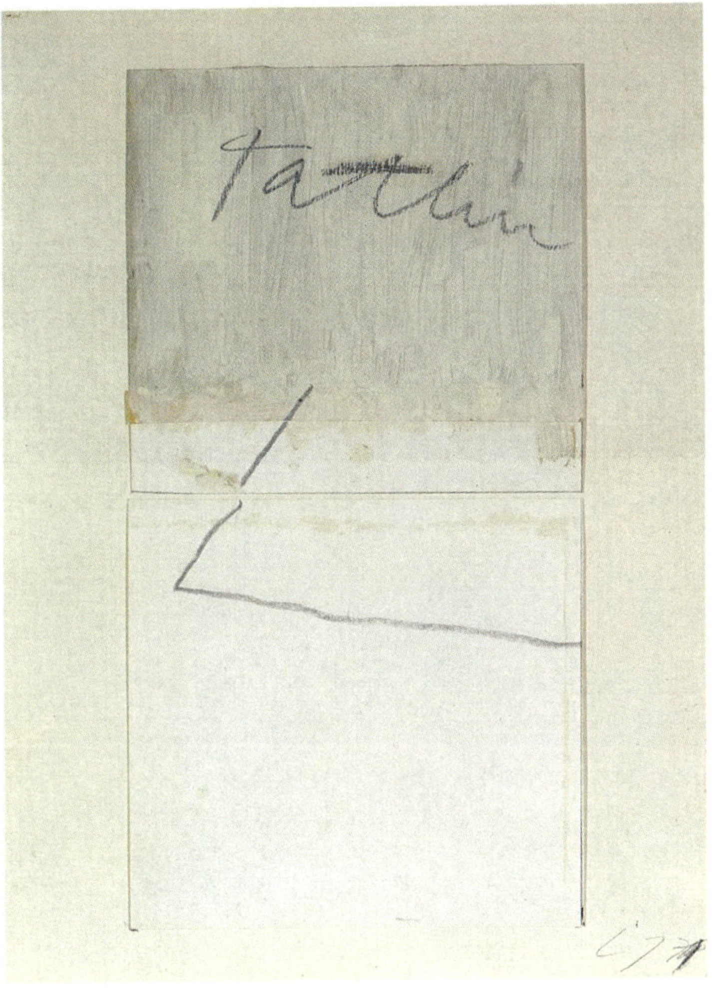

Abb. 15 – To Tatlin (1973) 76,4 x 55,7 cm

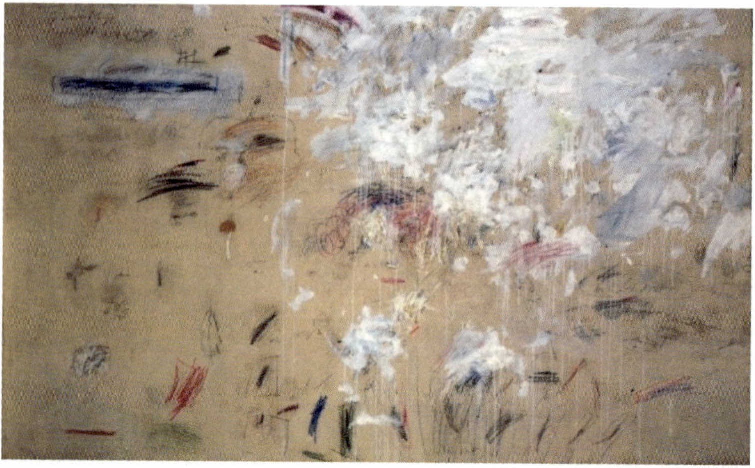

Abb. 16 – School of Fontainebleau (1960) 200 x 321,5 cm

Abb. 17 – Untitled (1959) 152 x 188,5 cm

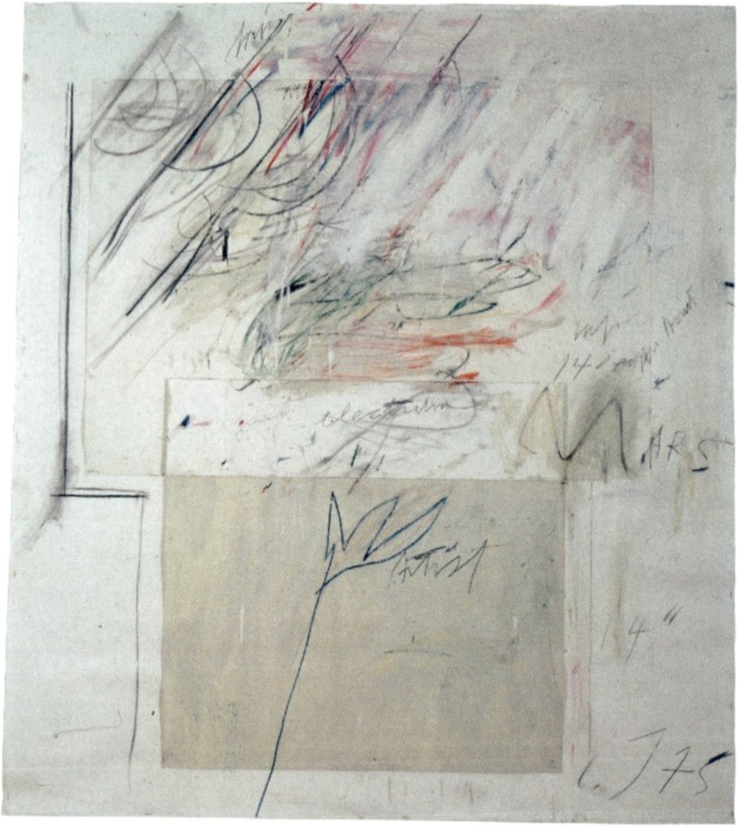

Abb. 18 – Mars and the Artist (1975) 127,5 x 142 cm

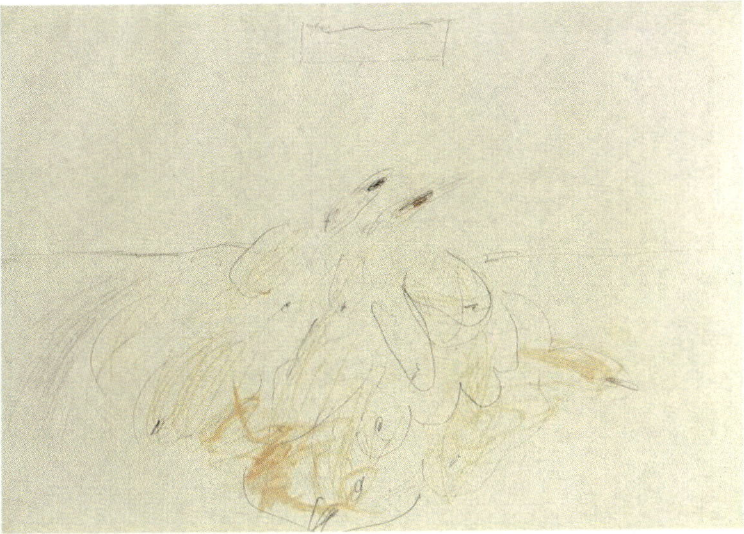

Abb. 19 – Birth of Venus (1962) 50 x 70,3 cm

Abb. 20 – Veil of Orpheus (1968) 228,6 x 487,7 cm

Abb. 21 – Panorama (1955) 254 x 340,36 cm

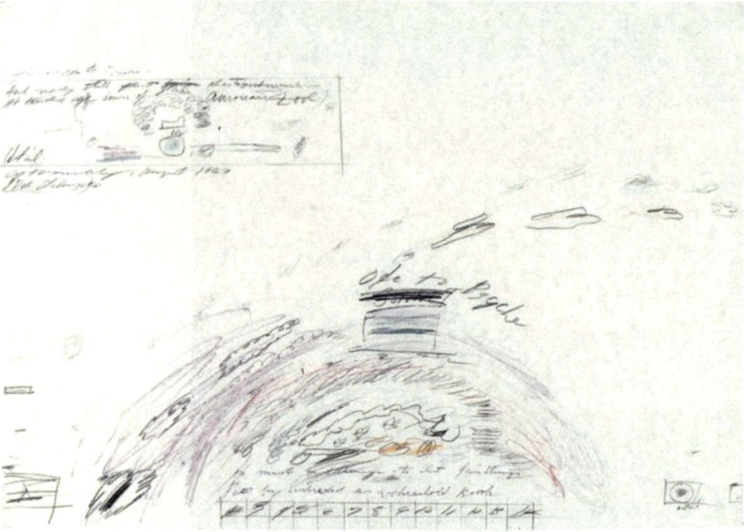

Abb. 22 – Ode to Psyche (1960) 50 x 71 cm

Abb. 23 – Untitled (1969) 202 x 264 cm

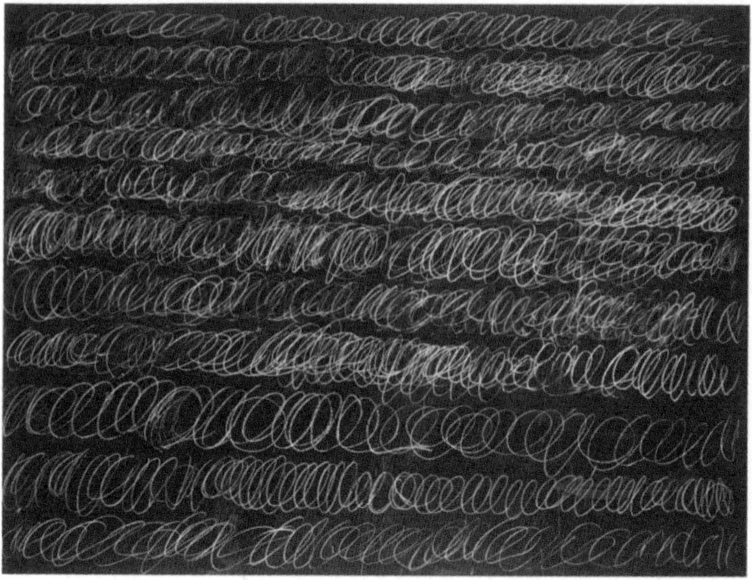

Abb. 24 – Untitled (1967) 200 x 264 cm

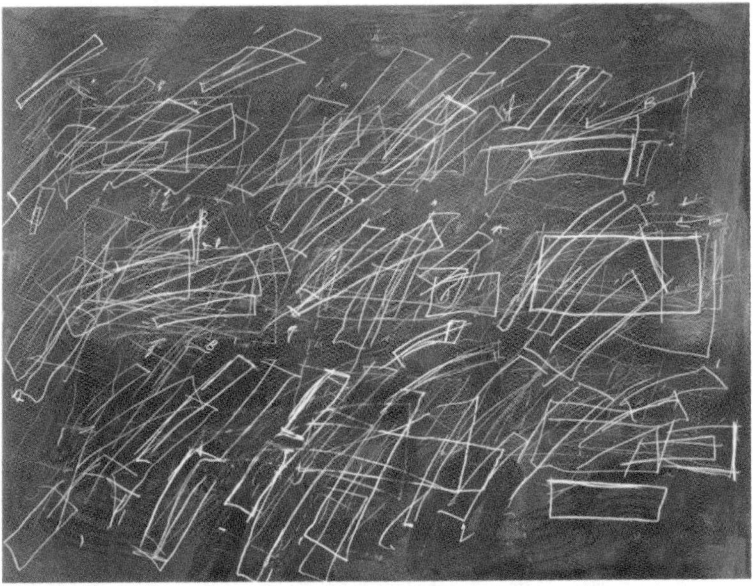

Abb. 25 – Untitled (1967) 200 x 264 cm

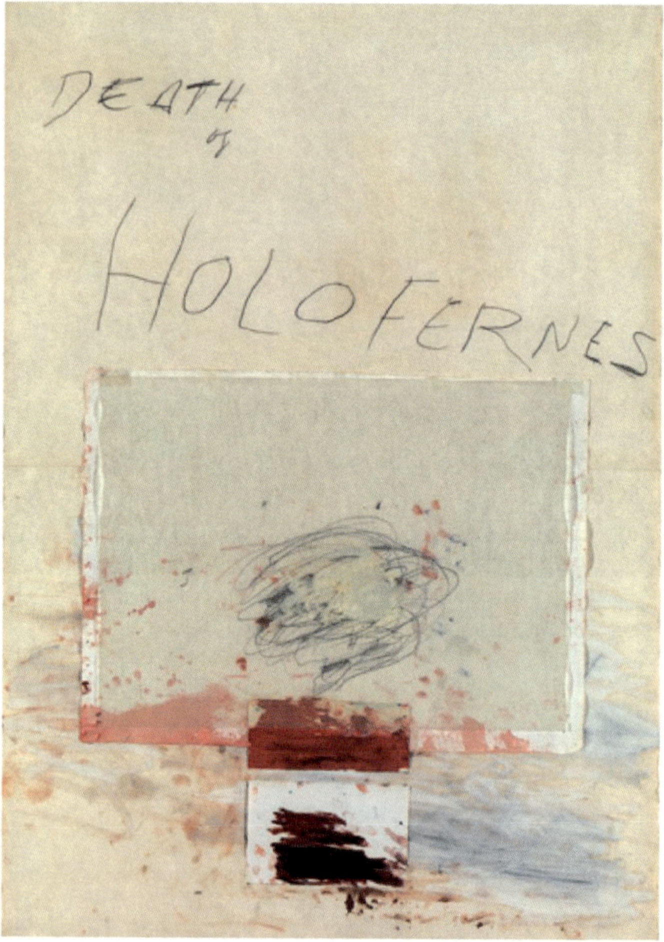

Abb. 26 – Death of Holofernes (1979) 149,5 x 105,5 cm

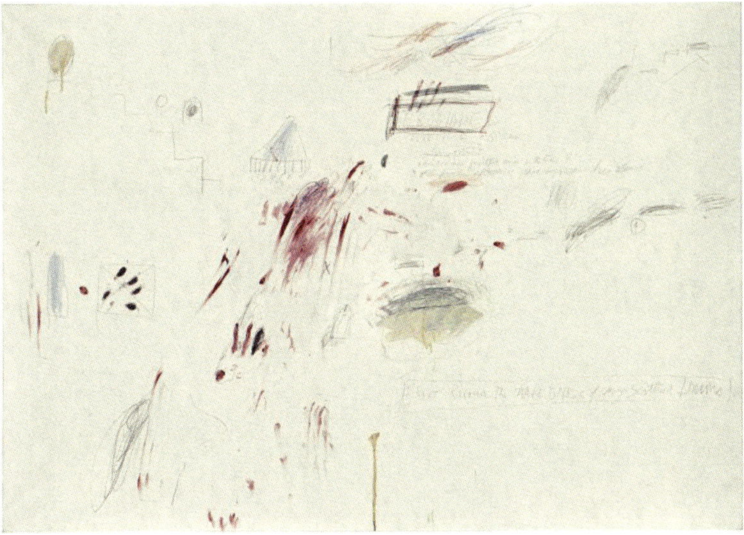

Abb. 27 – Herodiade (1960) 200 x 282 cm

Weisheit der Kunst

Welches auch die Schicksale der Malerei sein mögen, welches ihr Träger und ihr Rahmen – die Frage ist immer: *Was passiert da*? Ob Leinwand, Papier oder Mauer: es handelt sich um einen Schauplatz, wo etwas daherkommt (wenn in bestimmten Kunstformen der Künstler will, dass nichts passiert, dann ist auch das noch ein Abenteuer). So muss man das Bild als eine Art Theater nehmen: der Vorhang öffnet sich, wir schauen, wir warten, wir vernehmen, wir verstehen; und ist die Szene vorbei, das Bild verschwunden, dann erinnern wir uns: wir sind nicht mehr dieselben wie vorher: wie im antiken Theater sind wir initiiert worden. Ich möchte Twombly unter dem Blickwinkel des Ereignisses betrachten.

Was sich auf der von Twombly vorgeführten Szene (Leinwand oder Papier) abspielt, ist etwas, was an mehreren Ereignistypen teilhat, die die Griechen in ihrem Wortschatz sehr wohl unterschieden haben: es passiert ein Faktum (*pragma*), ein Zufall (*tyche*), ein Ausgang (*telos*), eine Überraschung (*apodeston*) und eine Handlung (*drama*).

1

Vor allem passiert... etwas Bleistift, Öl, Papier, Leinwand. Das Instrument der Malerei ist nicht ein Instrument. Es ist ein Faktum. Twombly präsentiert das Material nicht als das, was zu etwas dient, sondern als eine absolute Materie, die sich in ihrer Glorie manifestiert (das Vokabular der Theo logie sagt, dass die Glorie Gottes die Manifestation seines Seins ist). Das Material ist *materia prima*, wie bei den Alchimisten. Die *materia prima* ist das, was der Teilung des Sinns vorausliegt: enormes Paradox, denn in der menschlichen Ordnung gibt es nichts, was dem Menschen zufällt und nicht gleich von einem Sinn begleitet wird: dem Sinn, den andere Menschen ihm gegeben haben, und so weiter, zurück, endlos. Die demiurgische Macht des Malers besteht darin, dass er das Material als Materie existieren macht. Selbst wenn von der Leinwand Sinn ersteht: der Stift und die Farbe bleiben »Dinge«, hartnäckige Substanzen, deren Daseinshartnäckigkeit von nichts (von keinem nachträglichen Sinn) aufzulösen ist.

Twomblys Kunst besteht darin, die Dinge sichtbar zu machen: nicht diejenigen, die er darstellt (das ist ein anderes Problem), sondern diejenigen, die er manipuliert: das bisschen Kreide, dies karierte Papier, dieses Stückchen Rosa, der braune Fleck da. Diese Kunst besitzt ihr Geheimnis, das darin besteht, die Substanz (Kohle, Tusche, Öl) weniger auszubreiten als vielmehr *sie sich ziehen zu lassen*. Man könnte denken, dass man, um den Stift zu sagen, stark, intensiv, schwarz, dick Nachdruck auf ihn legen muss. Twombly denkt das Gegenteil: indem er den Druck von der Materie nimmt, indem er sie leichthin so aufträgt, dass ihre Körnung sich streut, wird die Materie sich anschicken, ihr Wesen zu zeigen und uns die Gewissheit ihres Namens zu schenken: das ist Stift. Wollte man ein wenig philosophieren, so würde man sagen, dass das Sein der Dinge nicht in ihrer Schwere ist, sondern in ihrer Leichtigkeit; womit man vielleicht auf einen Satz von Nietzsche zurückkäme: »Das Gute ist leicht...«. Nichts, in der Tat, ist weniger Wagnerisch als Twombly.

Es geht also darum, unter allen Umständen (in jedem Werk) die Materie als ein Faktum (*pragma*) erscheinen zu lassen. Dafür hat Twombly, wenn schon nicht Verfahren (selbst wenn er welche hatte: in der Kunst ist das Verfahren nobel), so doch Gewohnheiten. Lassen wir die Frage, ob auch andere Maler diese Gewohnheiten gehabt haben: es ist jedenfalls ihre Kombination, ihre Verteilung, ihre Dosierung, welche die originale Kunst Twomblys ausmachen. Auch die Wörter gehören aller Welt; aber der Satz gehört dem Schriftsteller: Twomblys »Sätze« sind unnachahmlich.

Dies also sind die Gesten, mit denen Twombly die Materie des Strichs aussagt (fast möchte man sagen: buchstabiert): erstens das *Gekritzel*: Twombly bekritzelt die Leinwand mit einem Gewirr von Linien (*Free Wheeler* → Abb. 4, *Criticism* → Abb. 5, *Olympia* → Abb. 6); die Hand fährt manchmal heftig, hin und her, als wollte der Künstler den Strich »mantschen«, so wie einer, der sich bei einer Gewerkschaftsversammlung langweilt, ein Stück Papier mit offenkundig bedeutungslosen Strichen schwärzt; zweitens der *Fleck* (*Commodus – III* → Abb. 7): es handelt sich nicht um Tachismus; Twombly lenkt den Fleck, er zieht ihn hin, als würde er mit den Fingern eingreifen; der Körper ist also da, nahe der Leinwand, nicht in einer Projektion sondern in einer Berührung, die jedoch nur leicht ist: es handelt sich nicht um ein Zermalmen (siehe *Bay of Naples* → Abb. 8); statt »Fleck« würde man darum besser von *macula* sprechen; denn die *macula* ist nicht irgendein Fleck; sie ist der Fleck auf der Haut, aber auch die Masche eines Netzes, sofern sie an die Sprenkelung mancher Tiere erinnert; Twomblys *Sprenkel* gehören tatsächlich zur Ordnung des Netzes; drittens das *Geschmier*: so nenne ich die Spuren von Farbe oder Bleistift (oder kaum definierbarer Materie), mit denen Twombly andere Striche zu überdecken scheint, als wollte er sie auswischen, ohne es wirklich zu wollen, denn diese Striche bleiben leicht sichtbar unter der Deckschicht; es ist eine subtile Dialektik: der Künstler tut so, als hätte er ein Stück seiner Leinwand »verpatzt« und als wollte er es wegwischen; aber dieses Wegwischen verpatzt er wiederum; und diese beiden übereinandergelegten Patzer produzieren eine Art Palimpsest: geben der Leinwand die Tiefe eines Himmels, wo die leichten Wolken aneinander vorbeiziehen, ohne sich zu annullieren (*View* → Abb. 9, *School of Athens* → Abb. 10).

Man wird bemerken, dass diese Gesten, die die Materie als ein Faktum installieren sollen, allesamt mit der Verschmutzung zu tun haben. Paradox: in seiner Reinheit definiert sich das Faktum besser vom Unsaubersein aus. Auch bei einem Gebrauchsgegenstand ist es nicht der neue, jungfräuliche Zustand, der sein Wesen am besten charakterisiert; sondern eher sein entstellter, ein wenig abgenutzter, ein wenig verschmutzter, ein wenig vernachlässigter Zustand: der Abfall ist es, in dem die Wahrheit der Dinge zu lesen ist. In der hingezogenen Streuung des Kometenschweifs liegt die Wahrheit des Rot; in der gelockerten Führung des Strichs liegt die Wahrheit des Stifts. Die Ideen (im platonischen Sinn) sind nicht metallene und glänzende Figuren, geschnürt wie Begriffe, sondern eher ein wenig zittrige Makulaturen auf vagem Grund.

Soviel zum Malfaktum (*via di porre*). Es gibt aber auch andere Ereignisse im Werk von Twombly: geschriebene Ereignisse, Namen. Auch sie sind Fakten: sie halten sich aufrecht auf der Szene, ohne Dekor, ohne Accessoires: *Virgil* → Abb. 11, *Orpheus* → Abb. 12. Aber ihre nominalistische Glorie (nichts als der Name) ist ebenfalls unrein: der Schriftzug ist etwas kindlich, unregelmäßig; linkisch; ganz anders als die Typographie der Concept-Art; die Handschrift verleiht den Namen alle Ungeschicklichkeiten von einem, der zu schreiben versucht; und doch, vielleicht, auch hier erscheint die Wahrheit des Namens besser: erlernt nicht das Schulkind das Wesen der Tafel, indem es den Namen mit mühseliger Hand davon abschreibt? Indem er *Virgil* auf seine Leinwand schreibt, kondensiert Twombly gleichsam in seiner Hand die Enormität der vergilischen Welt mitsamt all den Bezügen, die in diesem Namen deponiert sind. Daher ist in Twomblys Titeln keinerlei

Analogie zu suchen. Wenn das Bild *The Italians* → Abb. 13 heißt, so suche man nirgends Italiener – außer eben in ihrem Namen. Twombly weiß, dass der Name eine absolute (und zureichende) Evokationskraft hat: schreibt man *die Italiener*, sieht man alle Italiener. Die Namen sind wie die Krüge, von denen in *Tausendundeiner Nacht* irgendwo die Rede ist: Geister sind darin eingesperrt; öffnet oder bricht man den Krug, so kommt der Genius heraus, erhebt sich, verunstaltet sich wie ein Rauch und erfüllt die ganze Luft. Bricht man den Titel, so entweicht das ganze Bild daraus.

Ein ebenso reines Funktionieren lässt sich in der Widmung beobachten. Es gibt davon einige bei Twombly: *To Valery* → Abb. 14, *To Tatlin* → Abb. 15. Auch hier nichts weiter als der graphische Akt des Widmens. Denn »widmen« ist eines jener Verben, die die Linguisten nach Austin »performativ« nennen, weil ihr Sinn mit dem Akt ihrer Äußerung verschmilzt: »ich widme« hat keinen anderen Sinn als die effektive Geste, mit der ich das, was ich gemacht habe (mein Werk), jemandem reiche, den ich liebe oder bewundere. Eben das tut Twombly: nur die Inschrift der Widmung tragend absentiert sich das Bild gewissermaßen: gegeben ist nur der Akt des Gebens – und das bisschen Schrift, um es zu sagen. Es sind Grenz-Bilder: nicht indem sie keine Malerei enthalten (diese Grenze haben andere Maler erprobt), sondern weil die Idee des Werks aufgehoben ist – nicht aber die Beziehung des Malers zu jemandem, den er liebt.

2

Tyche ist im Griechischen das Ereignis, sofern es zufällig und überraschend daherkommt. Twomblys Gemälde scheinen stets eine gewisse Zufallskraft mit sich zu führen, einen Glücksfall. Es kommt nicht darauf an, dass das Bild in Wirklichkeit das Resultat eines sorgfältigen Kalküls ist. Was zählt, ist der Treffer oder, um es subtiler zu sagen (denn Twomblys Kunst ist kein Würfelspiel): die *Inspiration*, die wie das Glück des Geschicks ist. Zwei Bewegungen und ein Zustand zeugen von diesem Effekt.

Die Bewegungen sind; zunächst der Eindruck des »Hingeworfenen«: das Material scheint über die Leinwand hin geschüttet, und *schütten* ist ein Akt, der zugleich eine anfängliche Entschlossenheit und eine schließliche Unentschlossenheit enthält: indem ich schütte, weiß ich, was ich tue, aber ich weiß nicht, was ich produziere.

Das »Hingeworfene« von Twombly ist elegant, schmiegsam, »lang« – wie das Werfen der Kugel in manchen Spielen. Als Folge dessen gibt es dann einen Anschein von Streuung: auf einer Leinwand (oder einem Papier) von Twombly sind die Elemente voneinander durch den Raum getrennt, viel Raum; darin haben sie eine Verwandtschaft mit der orientalischen Malerei, der Twombly mit seiner häufigen Vermengung von Schrift und Malerei auch sonst nahesteht. Auch wenn die Zwischenfälle – die Ereignisse – stark markiert sind (*Bay of Naples* → Abb. 8), bleiben Twomblys Bilder durchaus gelüftete Bilder; und ihre Lüftung ist nicht nur eine plastische Qualität; sie ist wie eine subtile Energie, die besser atmen lässt: das Bild produziert in mir, was der Philosoph Bachelard eine »Aufstiegsimagination« nennt: ich schwebe im Himmel, ich atme in der Luft (*School of Fontainebleau* → Abb. 16). Der Zustand, der an diese beiden Bewegungen (des »Hingeworfenen« und der Streuung) gebunden ist und der allen Bildern Twomblys gemeinsam ist, ist das *Rare*. »*Rarum*« bedeutet im Lateinischen: was Intervalle oder Zwischenräume aufweist, was dünngesät, löchrig, versprengt ist, und das ist eben der Raum von Twombly (siehe namentlich *Untitled*, 1959 → Abb. 17).

Wie können diese beiden Ideen, die des leeren Raumes und die des Zufalls (*tyché*) miteinander auskommen? Valéry (dem eine Zeichnung Twomblys gewidmet ist) kann es verständlich machen. In einer Vorlesung am Collège de France (5. Mai 1944) prüft Valéry die beiden Fälle, in denen sich befinden kann, wer ein Werk schafft; im ersten Fall entspricht das Werk einem bestimmten Plan; im andern möbliert der Künstler ein imaginäres Rechteck. Twombly möbliert sein Rechteck nach dem Prinzip des Raren, d. h. des Versprengten. Dieser Begriff ist wesentlich in der japanischen Ästhetik, die die kantischen Kategorien des Raumes und der Zeit nicht kennt, sondern die subtilere des Intervalls (japanisch: *Ma*). Das japanische *Ma* ist im Grunde das lateinische *rarum*, und das ist die Kunst von Twombly. Das Rechtwinkelig-Rare verweist somit auf zwei Zivilisationen: einerseits auf das »Leere« der orientalischen

Kompositionen, das nur hier und da durch eine Kalligraphie akzentuiert ist; und andererseits auf einen mediterranen Raum, der derjenige von Twombly ist; merkwürdigerweise ist es noch einmal Valéry, der von diesem Rar-Räumlichen Rechenschaft abgelegt hat – nicht anlässlich des Himmels oder des Meeres (an die man zunächst denken möchte) , sondern anlässlich der alten südlichen Häuser: »Die großen Zimmer des Südens, sehr gut für eine Meditation, die Möbel groß und verloren. Die große eingesperrte Leere – wo die Zeit nicht zählt. Der Geist möchte all das bevölkern.« Im Grunde sind die Leinwände Twomblys große mediterrane Zimmer, warm und lichtdurchflutet, mit versprengten Elementen. Die der Geist bevölkern will.

3

Mars and the Artist → Abb. 18, ist eine offensichtlich symbolische Komposition: oben Mars, d. h. eine Schlacht von Linien und von Rot, unten der Künstler, d. h. eine Blume und sein Name. Das Gemälde funktioniert wie ein Piktogramm, wo sich die figürlichen Elemente und die schriftlichen Elemente kombinieren. Dieses System ist sehr klar, und obwohl es innerhalb von Twomblys Werk eine Ausnahme darstellt, verweist uns gerade seine Klarheit auf das Problem des Zusammenhangs von Darstellung und Bedeutung.

Obwohl die Abstraktion (bekanntlich schlecht so benannt) schon seit langem in der Geschichte der Malerei (seit dem späten Cézanne, sagt man) eingesetzt hat, schlägt sich jeder neue Künstler endlos mit ihr herum: in der Kunst sind die Probleme der Sprache nie wirklich erledigt; die Sprache kommt immer wieder auf sich selbst zurück. Es ist darum nie naiv (trotz der Einschüchterungen der Kultur, vor allem der spezialisierten Kultur), sich angesichts eines Bildes zu fragen, *was es darstellt*. Der Sinn klebt am Menschen: auch wenn er Unsinn oder Außersinn schaffen will, produziert er schließlich den Sinn des Unsinns oder Außersinns. Unablässig auf die Frage des Sinns zurückzukommen, ist umso legitimer, als eben diese Frage der Universalität der Malerei Schwierigkeiten macht. Soviele Menschen haben (aufgrund der Kulturunterschiede) den Eindruck, vor einem Gemälde »nichts zu verstehen«, weil sie Sinn wollen und weil ihnen das Bild (denken sie) keinen gibt.

Twombly geht an das Problem zumindest in einem freimütig heran: die meisten seiner Bilder sind betitelt. Insofern sie einen Titel tragen, bieten sie den Menschen, die danach so dürsten, den Köder einer Bedeutung dar. Denn in der klassischen Malerei sagte die Legende eines Bildes (diese kleine Zeile von Wörtern am unteren Rand des Werkes, auf die sich die Besucher eines Museums zuerst stürzen) klar und deutlich, was das Bild darstellt: die Analogie der Malerei war durch die Analogie des Titels verdoppelt: die Bedeutung war ebenso ausgeschöpft wie die Darstellung. Sieht man ein betiteltes Bild von Twombly, so wird man unvermeidlicherweise zu dem Reflex ansetzen: man sucht die Analogie. *The Italians* → Abb. 13? *Sahara*? Wo sind die Italiener? Wo ist die Sahara? Suchen wir. Augenscheinlich findet man nichts. Oder zumindest – und da beginnt die Kunst von Twombly –: was man findet – nämlich das Gemälde selber, das Ereignis, in seinem Glanz und seinem Rätsel – ist zwiespältig: nichts »repräsentiert« die Italiener, die Sahara, keine Abbildung dieser Gegenstände ist da, und doch, man ahnt es vage, es widerspricht auch nichts in diesen Bildern einer gewissen natürlichen Idee der Sahara, der Italiener. Anders gesagt, der Betrachter hat das Vorgefühl einer anderen Logik (sein Blick beginnt zu arbeiten): wiewohl sehr dunkel, das Bild hat einen Ausgang; was da passiert, entspricht einem *telos*, einer gewissen Zweckmäßigkeit. Dieses Ziel ist nicht sofort zu finden. In einem ersten Moment blockiert der Titel gewissermaßen den Zugang, denn durch seine Präzision, seine Einsichtigkeit, seinen Klassizismus (weitab von Verfremdung, von Surrealismus) führt er auf eine Bahn des Analogischen – die sogleich versperrt scheint. Twomblys Titel haben eine labyrinthische Funktion: hat man die von ihnen empfohlene Idee durchlaufen, muss man wieder zurück und anderswo aufbrechen. Und doch, etwas bleibt von ihrem Phantom, und durchtränkt die Leinwand. Sie bilden das negative Moment jeglicher Initiation. Diese gleichermaßen sehr intellektuelle und sehr sinnliche Kunst des Raren macht ständig die Probe der Negativität, in der Art jener Mystiken, die man die »apophatischen« (negativen) nennt, da sie zwingen, alles, was nicht ist, zu durchlaufen, um in diesem Hohlraum einen Schimmer wahrzunehmen, der flackert, aber auch strahlt, *denn er lügt nicht.*

Was die Bilder von Twombly produzieren (ihr *telos*), ist sehr einfach: es ist ein Effekt. Dieses Wort ist hier in dem sehr technischen Sinn zu verstehen, den es in den französischen Literaturschulen der letzten Jahrhundertwende, Parnass und Symbolismus, hatte. Der »Effekt« ist ein vom Gedicht herbeigeführter Gesamteindruck – ein höchst sinnlicher und zumeist visueller Eindruck. Das ist banal. Aber das Eigentümliche des Effekts besteht darin, dass seine Gesamtheit nicht wirklich zerlegt werden kann: man kann ihn nicht auf eine Summierung lokalisierbarer Details reduzieren. Théophile Gautier hat ein Gedicht geschrieben, »Symphonie in weiß-dur«, dessen Verse allesamt, gleichermaßen inständig und diffus, zur Installierung einer Farbe beitragen: das Weiß, das sich in uns eindrückt, unabhängig von den Gegenständen, die es tragen. Ebenso hat Paul Valéry, in seiner symbolistischen Periode, zwei Sonette geschrieben, beide mit dem Titel »Feerie«, deren Effekt eine bestimmte Farbe ist; aber da sich vom Parnass zum Symbolismus die Sensibilität verfeinert hat (übrigens unter dem Einfluss der Maler), kann diese Farbe nicht mit einem Namen genannt werden (wie es für das Weiß Gautiers der Fall war); zweifellos ist es das *Versilberte*, das dominiert, aber diese Tönung ist mit anderen Sinnesempfindungen versetzt, die sie streuen und stärken: Leuchtkraft, Durchsichtigkeit, Leichtigkeit, Kantigkeit, Kälte: Mondesblässe, Vogelfederschillern, Diamantenstrahlen, Perlmutterschimmer. Der Effekt ist also kein rhetorischer »Trick«: er ist eine tatsächliche Kategorie der Empfindung, die durch folgendes Paradox definiert ist: unzerlegbare Einheit des Eindrucks (der »Botschaft«) und Komplexität der Ursachen, der Elemente: der Zusammenhang ist nicht mysteriös (er ist gänzlich der Macht des Künstlers anheimgestellt), aber er ist doch *unauflöslich*. Es ist beinahe eine andere Logik, eine Art Herausforderung vonseiten des Dichters (oder des Malers) an die aristotelischen Regeln der Struktur.

Obwohl viele Elemente Twombly vom französischen Symbolismus trennen (die Kunst, die Geschichte, die Nationalität), etwas nähert sie an: eine bestimmte Form von Bildung, von Kultur. Diese Kultur ist klassisch: nicht nur bezieht sich Twombly direkt auf mythologische Fakten, die von der griechischen oder lateinischen Literatur überliefert sind; auch die »Autoren« (*Autoritäten*), die er in seine Malerei einführt, sind entweder humanistische Dichter (Valéry, Keats) oder mit der Antike genährte Maler (Poussin, Raffael). Eine einzige unablässig dargestellte Kette führt von den griechischen Göttern zum modernen Maler. Die Angeln dieser Kette sind Ovid und Poussin. Eine Art goldener Triangel verbindet die Alten, die Dichter und den Maler. Es ist bezeichnend, dass ein Bild von Twombly Valéry gewidmet ist, und vielleicht noch bezeichnender, weil dieses Treffen ohne Wissen Twomblys zustandegekommen ist, ist dies, dass ein Bild dieses Malers und ein Gedicht dieses Schriftstellers denselben Titel tragen: *Naissance de Venus* → Abb. 19); und diese beiden Werke haben denselben »Effekt«: von Meeresauftauchen. Diese Konvergenz, die hier ein Beispiel hat, liefert vielleicht den Schlüssel zum »Effekt« Twombly. Es scheint mir, dass dieser Effekt, der in allen Bildern Twomblys konstant ist, auch in denen, die seiner Niederlassung in Italien voraus) legen (denn, wie wiederum Valéry sagt, es kommt vor, dass die Zukunft die Ursache der Vergangenheit ist), dass dieser Effekt derjenige ist, den das Mediterrane in allen seinen möglichen Dimensionen auslöst. Das Mediterrane ist ein enormer Komplex von Erinnerungen und Empfindungen: Sprachen, die – wie die griechische und lateinische – in Twomblys Titeln gegenwärtig sind, eine historische, mythologische, poetische Kultur, das gesamte Leben von Formen, Farben und Lichtern, das sich an der Grenze zwischen den Orten des Festlandes und der Ebene des Meeres abspielt. Die unnachahmliche Kunst Twomblys ist es, ausgehend von einem Material (Kritzeleien, Schmierereien, Verwischungen, wenig Farbe, keinerlei akademische Form), das mit dem großen mediterranen Strahlen keine analogische Beziehung hat, den Effekt des Mediterranen aufgedrängt zu haben.

Ich kenne die Insel Procida, gegenüber Neapel, wo Twombly gelebt hat. Ich habe einige Tage in dem alten Haus verbracht, wo Graziella, die Heroin Lamartines, gewohnt hat. Da verbinden sich ruhig das Licht, der Himmel, die Erde, einige Felszacken, ein Schwibbogen. Das ist Vergil und das ist ein Gemälde von Twombly: im Grunde gibt es keines, wo es nicht diese Leere des Himmels, des Wassers und diese geringfügigen Festlandspuren (eine Barke, ein Vorgebirge) gibt, die da schwimmen (*apparent rari nantes*): Blau des Himmels, Grau des Meeres, Röte des Morgens.

4

Was passiert auf einem Gemälde von Twombly? Eine Art mediterraner Effekt. Dieser Effekt ist indessen nicht »eingefroren« im Pomp, im Feierlichen, im Betulichen der humanistischen Werke (auch die Dichtungen eines so intelligenten Geistes wie Valéry bleiben in einem höheren *Anstand* gefangen). Im Ereignis führt Twombly häufig eine *Überraschung* (*apodeston*) ein. Diese Überraschung erweckt den Anschein einer Ungehörigkeit, einer Verspottung, einer Schrumpfung – als würde der humanistischen Aufgeblasenheit plötzlich die Luft ausgelassen. In der *Ode to Psyche* → Abb. 22 annulliert eine am Bildrand diskret angebrachte Zahlenreihe die prunkende Festlichkeit des Titels. In *Olympia* → Abb. 6 gibt es an einigen Stellen ein ungeschickt gestricheltes Motiv – wie wenn Kinder Schmetterlinge zeichnen wollen. Was ist unter dem Gesichtspunkt des von allen Klassikern so hoch geschätzten »Stils« weiter vom Schleier des Orpheus entfernt als diese paar kindhaften Linien eines Feldmesserlehrlings in *Veil of Orpheus* → Abb. 20! In *Untitled*, 1969 → Abb. 23, welches Grau! Wie schön! Zwei winzige weiße Striche schweben quer (immer das *rarum*, das japanische *Ma*); das könnte sehr Zen sein; aber zwei kaum lesbare Ziffern tanzen über den beiden Strichen und verweisen den Adel dieses Grau an die Lächerlichkeit eines Rechenzettels.

Es sei denn ... dass gerade mit diesen Überraschungen Twomblys Gemälde den reinsten Zen-Geist treffen. Es existiert tatsächlich in der Zen-Haltung eine ohne rationale Methode gesuchte Erfahrung, die viel Gewicht hat: das *Satori*. Man übersetzt dieses Wort sehr unvollkommen (aufgrund unserer christlichen Tradition) mit »Erleuchtung«; gelegentlich, etwas besser, mit »Erweckung«; es handelt sich – soweit Laien wie wir uns überhaupt eine Idee davon machen können – um eine mentale Erschütterung, die außerhalb aller bekannten intellektuellen Wege. den Zugang zur buddhistischen »Wahrheit« ermöglicht: leere, von Formen und Ursächlichkeiten abgekoppelte Wahrheit. Für uns ist wichtig, dass das Zen-*Satori* mithilfe überraschender Techniken gesucht wird: nicht bloß irrationale, sondern auch und vor allem ungehörige und gegen den Ernst, den wir mit den religiösen Erfahrungen verbinden, verstoßende Techniken. Bald eine Antwort »ohne Hand und Fuß« auf eine hohe metaphysische Frage, bald eine überraschende Geste, die die Feierlichkeit eines Ritus zerstört (so der Zen-Prediger, der mitten in seiner Predigt innehielt, Schuhe und Strümpfe auszog, seinen abgetragenen Schuh auf seinen Kopf legte und den Saal verließ). Solche wesentlich respektlosen Ungereimtheiten könnten die Ernstlichkeit erschüttern, die ihre Maske oft dem guten Gewissen unserer Gewohnheiten leiht. Außerhalb (selbstverständlich) jeder religiösen Perspektive enthalten einige Bilder von Twombly solche Ungehörigkeiten, solche Stöße, solche geringen Satori.

Als von Twombly bewusst herbeigeführte Überraschungen sind alle Schrift-Interventionen im Feld der Leinwand zu betrachten: jedesmal, wenn Twombly einen Schriftzug produziert, wird das Natürliche der Malerei gestoßen, erschüttert. Es gibt etwa drei Sorten dieser Interventionen. Einmal die Messzeichen, die Ziffern, die winzigen Algorithmen; all das, was einen Widerspruch zwischen der souveränen Nutzlosigkeit der Malerei und den nutzbringenden Zeichen des Rechnens hervorruft. Es gibt sodann die Bilder, wo das einzige Ereignis ein handgeschriebenes Wort ist. Und schließlich gibt es, auch innerhalb dieser beiden Typen, die konstante »Ungeschicklichkeit« der Hand; der Buchstabe ist bei Twombly das Gegenteil einer Initiale oder einer Type; er ist, scheint es, ohne Anstrengung gemacht; und doch ist er nicht eigentlich kindhaft, denn das Kind strengt sich an, drückt auf, bessert aus – mit hängender Zunge; es arbeitet hart, um den Code der Erwachsenen zu erreichen. Twombly entfernt sich davon, er lässt locker, er lässt schleifen; seine Hand scheint zu entschweben; es ist, als ob das Wort mit spitzen Fingern geschrieben wäre, nicht aus Überdruss oder Langeweile, sondern aus einer Grille heraus, die das hintergeht, was man von der »schönen Hand« eines Malers erwartet; so nannte man im 17. Jahrhundert den Kopisten, der eine schöne Handschrift hatte. Und wer könnte besser schreiben als ein Maler?

Diese »Ungeschicklichkeit« der Schrift (die gleichwohl unnachahmlich ist: man versuche, sie nachzuahmen) hat bei Twombly sicher eine plastische Funktion. Doch hier, wo von Twombly nicht in der Sprache der Kunstkritik gesprochen wird, ist auf ihrer kritischen Funktion zu insistieren. Auf dem Umweg seines Schriftzuges führt Twombly fast immer einen Widerspruch in sein Bild ein: das »Arme«, das »Ungeschickte«, das »Linke« und damit in Zusammenhang das »Rare« agieren als Kräfte, die die Tendenz der klassischen Kultur, aus der Antike ein Reservoir dekorativer Formen zu machen, brechen: die apollinische Reinheit des griechischen Bezuges, die im Leuchten der Leinwand zu spüren ist, der morgenrötliche Friede ihres Raumes werden »erschüttert« (das ist das Wort des Satori) durch die Dürftigkeit der Schriftzüge. Das Bild scheint eine Aktion gegen die Kultur zu führen, deren emphatischen Diskurs sie fahren lässt, um nur ihre Schönheit durchzulassen. Man hat gesagt, dass im Gegensatz zu Paul Klee die Kunst von Twombly keinerlei Aggressivität mit sich führe. Das ist wahr, wenn man die Aggressivität in einem westlichen Sinn versteht: als gereizten Ausdruck eines gezwungenen Körpers, der explodiert. Twomblys Kunst ist eine Kunst des Schocks vielmehr als der Gewalt, und es kommt oft vor, dass der Schock subversiver ist als die Gewalt: genau das ist die Lektion gewisser östlicher Verhaltens- und Denkweisen.

5

Drama, das griechische Wort hat mit »tun« zu tun. *Drama*, das ist zugleich das, was sich tut und sich spielt auf der Leinwand: ein »Drama«, ja, warum nicht? Ich jedenfalls sehe in Twomblys Werk zwei Handlungen oder eine Handlung auf zwei Ebenen.

Die Handlung des ersten Typs besteht in einer Art Inszenierung der Kultur. Was sich abspielt, sind »Geschichten«, die vom Wissen kommen, vorn klassischen Wissen: fünf Tage Bacchanalien, die Geburt der Venus, die Iden des März, drei Dialoge von Platon, eine Schlacht usw. Diese historischen Handlungen werden nicht dargestellt; sie werden evoziert, durch die Macht des Namens. Was dargestellt wird, ist die Kultur selber oder, wie man neuerdings sagt, der Intertext, also das Zirkulieren der früheren (oder zeitgenössischen) Texte in Kopf (oder in der Hand) des Künstlers. Diese Darstellung ist durchaus explizit, wenn Twombly vergangene (und hochgeschätzte) Werke nimmt und sie in einigen seiner Bilder »aufs Spiel« setzt:

zunächst in Titeln (*The School of Athens*, von Raffael), dann in Figürchen, die, nur schwer erkennbar, in eine Ecke gesetzt sind, wie Bilder, bei denen es nur auf den Verweis, nicht auf den Inhalt ankommt (Leonardo, Poussin). »Das was sich abspielt«, ist in der klassischen Malerei das »Sujet« des Bildes; dieses Sujet ist häufig anekdotisch (Judith enthauptet Holofernes); aber in Twomblys Bildern ist das »Sujet« ein Begriff: es ist der klassische Text »an sich« – wahrlich ein fremdartiger Begriff, ist er doch begehrenswert, ein Gegenstand von Liebe, von Nostalgie vielleicht.

Das »Sujet« eines Werkes ist sein »Objekt« (das, wovon es spricht, was es der Reflexion vorschlägt, die *quaestio* der alten Rhetorik). Das »Subjekt« hingegen ist das menschliche Wesen, das sich darin inszeniert, das darin implizit als Autor des Gesagten (oder Gemalten) auftritt. Auch bei Twombly ist das »Sujet« dasjenige, wovon das Bild spricht; aber da es nur eine (geschriebene) Anspielung ist, geht die ganze Bürde des *Dramas* auf den über, der es hervorbringt: das Sujet ist das Subjekt selbst (Twombly). Doch ist damit der Übergang des Sujets nicht beendet: da Twomblys Kunst wenig technisches Wissen zu enthalten scheint (das ist allerdings nur ein Anschein), ist das »Su(b)je(k)t« des Bildes auch derjenige, der es betrachtet: Sie, ich. Die »Einfachheit« Twomblys (das, was ich unter dem Namen des »Raren« oder »Ungeschickten« analysiert habe), ruft, zieht den Betrachter herbei: er mag das Gemälde einholen, nicht um es ästhetisch zu konsumieren, sondern um es seinerseits zu produzieren (zu reproduzieren), um sich an einer Faktur zu versuchen, deren nackiges und linkisches Wesen ihm eine unglaubliche (und recht falsche) Illusion von Leichtigkeit besorgt.

Vielleicht muss man präzisieren, dass die Subjekte, die das Bild betrachten, mannigfaltig sind und dass von diesen Subjekttypen der Diskurs abhängt, den sie (innerlich) vor dem betrachteten Gegenstand halten (ein Subjekt – das hat uns die Moderne gelehrt – ist immer durch sein Sprechen konstituiert); natürlich können alle diese Subjekte, wenn man will, gleichzeitig vor einem Bild von Twombly sprechen (übrigens könnte die Ästhetik die Wissenschaft sein, die nicht das Werk an sich studiert, sondern das Werk, wie es der Betrachter oder der Leser in sich selber zum Sprechen bringt: eine Typologie der Diskurse gewissermaßen). gibt also mehrere Subjekte, die Twombly betrachten (und ihn leise jeder in seinem Kopf murmeln).

Es gibt das Subjekt der Kultur, der Bildung: das weiß, wie Venus geboren ist, wer Poussin oder Valéry sind; dieses Subjekt ist beredt, es kann überströmend sprechen. Es gibt das Subjekt der Spezialisierung, das die Geschichte der Malerei gut kennt und über den Platz, den Twombly darin einnimmt, zu reden weiß. Es gibt das Subjekt des Vergnügens, das sich vor dem Bild erfreut, das bei seinem Erblicken ein Jubilieren verspürt, ohne es so recht aussprechen zu können; dieses Subjekt ist also stumm; es vermöchte nur auszurufen: »Wie schön das ist!« und das zu wiederholen; es ist das eine der kleinen Qualen des

Sprechens: man kann nie erklären, warum man diese oder jene Sache schön findet: die Lust erzeugt eine Art Sprechfaulheit, und wenn man von einem Werk sprechen will, muss man den Ausdruck des Genusses durch abgelegenere, rationalere Reden ersetzen in der Hoffnung, der Leser möge darin das Glück verspüren, das durch die Bilder verschafft worden ist, von denen man spricht. Ein viertes Subjekt ist das der Erinnerung. Auf einem Gemälde von Twombly erscheint mir dieser oder jener Fleck zunächst voreilig, schlecht geformt, inkonsequent: ich verstehe ihn nicht; aber dieser Fleck arbeitet in mir, ohne mein Wissen; das verlassene Bild kommt wieder, es macht sich zu einer Erinnerung, einer zähen Erinnerung: alles ist anders geworden, das Bild macht mich rückwirkend glücklich. Im Grunde ist das, was ich mit Glück konsumiere, eine Abwesenheit: was gar nicht paradox ist, denkt man daran, dass Mallarmé daraus das Prinzip der Dichtung gemacht hat: »Ich sage: eine Blume und ... musikalisch hebt sich, Idee selbst und süß, die abwesende ... «.

Das fünfte Subjekt ist das der Produktion: das verlangt, das Bild zu re-produzieren. So an diesem Morgen des 31. Dezember 1978, es ist noch Nacht, es regnet, alles ist schweigend, da ich mich an meinen Arbeitstisch begebe. Ich betrachte *Herodiade* → Abb. 27 und ich habe wahrhaft nichts zu sagen, außer derselben Plattitüde: dass mir das gefällt. Aber mit einem Mal taucht etwas Neues auf, ein Wunsch: der Wunsch, *dasselbe zu machen*: an einen andern Arbeitstisch (nicht mehr den Schreibtisch) zu gehen,

Farben zu nehmen und zu malen, zeichnen. Im Grunde ist die Frage der Malerei folgende: »Haben Sie Lust, einen auf Twombly zu machen?«

Als Subjekt der Produktion wird der Betrachter sodann seine eigene Impotenz erkunden – und gleichzeitig als deren erhabenes Relief die Potenz des Künstlers. Noch bevor ich irgendeine Spur zu ziehen versucht habe, stelle ich fest, dass ich diesen Grund (oder das, was mir die Illusion des Grundes gibt) nie werde erreichen können: ich weiß nicht einmal, wie er gemacht ist. Siehe *Age of Alexander*: O, allein schon diese rosa Schweifung... ! Nie könnte ich sie so leicht machen, den Raum um sie herum so leerräumen; ich könnte nicht aufhören, vollzumachen, weiterzumachen, *vollzupatzen*; und gerade von meinem Irrtum aus begreife ich, was für Weisheit im Akt des Künstlers ist: er versagtes sich, zuviel zu wollen; sein Gelingen ist nicht ohne Verwandtschaft mit der Erotik des Tao: ein intensives Vergnügen kommt von der Zurückhaltung. Dasselbe Problem in *View* → Abb. 9: ich könnte den Stift nie handhaben: bald niederdrücken, bald lockerlassen, und ich könnte es nicht einmal erlernen, denn diese Kunst ist durch kein Analogieprinzip geregelt, und der Duktus selber (die Bewegung, in der der Kopist des Mittelalters jeden Zug des Buchstabens in einem gleichbleibenden Sinn führte) ist hier absolut frei. Noch unzugänglicher als der Strich ist indessen die Fläche. In *Panorama* → Abb. 21 rieselt der ganze Raum nach Art eines Fernsehschirms bevor sich noch irgendein Bild darauf niedergelassen hat; ich wäre nicht imstande, die Unregelmäßigkeit der graphischen Verteilung zu erreichen; würde ich mich nämlich anstrengen, unordentlich zu tun, so brächte ich bloß eine *dümmliche* Unordnung zustande. Und von da her verstehe ich, dass Twomblys Kunst ein unablässiger Sieg über die Dummheit der Striche ist: einen *intelligenten* Strich machen – das ist schließlich die Distinktion des Malers. Was ich sonst noch mit Sicherheit verfehlen würde: die Streuung, das »Hingeworfene«, die Versprengung der Male: kein Strich scheint mit einer absichtlichen Richtung begabt, und doch ist das Ganze mysteriöserweise gerichtet.

Ich komme zum Schluss auf den Begriff »*rarum*« (»versprengt«) zurück, den ich ein bisschen als Schlüssel zu Twomblys Kunst betrachte. Diese Kunst ist paradox, ja provozierend (wäre sie nicht delikat), sofern die Prägnanz da nicht feierlich ist. Im Allgemeinen erscheint das Knappe zusammengedrängt: das Rare erzeugt das Dichte und das Dichte das Rätsel. Bei Twombly ist eine andere Drift zu beobachten: es ist da sicher ein Schweigen oder richtiger ein ganz feines Knistern des Blattes, aber dieser Grund ist selber eine positive Mächtigkeit; das gewohnte Verhältnis der klassischen Faktur umkehrend könnte man sagen, dass der Strich, die Schraffur, die Form, kurz das graphische Ereignis es ist, das dem Blatt das Existieren, das Bedeuten, das Genießen ermöglicht (»Das Sein«, sagt das Tao, »gibt Möglichkeiten; durch das Nichtsein nutzt man sie«). Der behandelte Raum ist dann nicht mehr abzählbar, ohne doch aufzuhören, vielfältig zu sein. Ist nicht von dieser kaum haltbaren Opposition aus, die sowohl die Zahl wie die Einheit, die Streuung und die Mitte ausschließt, die Widmung zu deuten, die Webern an Alban Berg richtete: »*Non multa, sed multum*«?

Es gibt aufgebrachte, besitzergreifende, dogmatische Malereien; sie stellen das Produkt hin und verleihen ihm das Tyrannische eines Fetischs. Twomblys Kunst – das ist ihre Moralität, und auch ihre große historische Singularität – *will nichts greifen*; sie hält sich, sie schwebt, sie treibt zwischen dem Begehren – das subtil die Hand beseelt – und der Höflichkeit, welche die diskrete Verabschiedung aller Eroberungslust ist. Wollte man diese Moralität orten, so müsste man weit weg suchen, außerhalb der Malerei, außerhalb des Abendlandes, außerhalb der historischen Zeiten, an der Grenze des Sinns, und man müsste mit dem Tao Tê King sagen:

> Er produziert, ohne sich anzueignen;
> Er tut, ohne etwas zu erwarten.
> Ist sein Werk vollendet, hängt er nicht daran;
> Und weil er nicht daran hängt,
> Wird sein Werk bleiben.

Editorische Notiz

Die Abbildungen wollen nicht mehr leisten, als über Gedächtnislücken hinwegzuhelfen. Verwiesen sei auf folgende Publikationen: *Cy Twombly, Paintings and Drawings 1954-1977*, Whitney Museum of American Art, New York 1979; Yvon Lambert, *Catalogue raisonné des œuvres sur papier*, Bd. VI, Mailand 1979; Katalog der *Sammlung Marx (Beuys, Rauschenberg, Twombly, Warhol)*, hg. u. verfasst von Heiner Bastian, Berlin 1982; und Heiner Bastian, *Cy Twombly – Bilder/Paintings 1952-1976*, Bd. 1, Berlin 1978.